河北能源发展报告

（2024）

深入贯彻能源安全新战略

主　编 / 陈香宇　冯喜春　石振江

副主编 / 陈志永　刘朋辉　董　京　周　毅　田　广

社会科学文献出版社

SOCIAL SCIENCES ACADEMIC PRESS (CHINA)

编　委　会

单体华　赵　敏　赵一男　赵凯林　赵奕萌
赵晓坤　赵雪静　胡　珀　胡　源　胡梦锦
耿鹏云　袁　博　夏　静　徐　楠　徐晓彬
高　晋　高　翔　高星乐　高嘉潞　唐兆麟
黄　凯　崔　萌　阎占良　梁大鹏　董家盛
靳智嵩　路　妍　廉洪亮　翟广心　魏成梅

前　言

2014年6月，习近平总书记站在统筹中华民族伟大复兴战略全局和世界能源发展格局的高度，提出了"四个革命、一个合作"能源安全新战略，为新时代我国能源高质量转型升级发展指明了方向，提供了根本遵循。十年来，在能源安全新战略指引下，河北省深入推进能源消费革命、能源供给革命、能源技术革命、能源体制革命，能源保障能力明显提升，能源绿色低碳发展实现历史性突破。特别是党的二十大以来，河北省委省政府紧跟时代发展步伐，紧扣能源绿色低碳转型发展时代命题，科学规划新型能源强省发展路径，并将新型能源强省作为中国式现代化河北篇章的重要内容，有力推动了河北经济社低碳转型发展，更好地满足了人民日益增长的美好生活需要。

为全面展示能源安全新战略提出十年以来河北能源发展情况，研究新型能源强省建设的新形势新任务，国网河北省电力有限公司组织编撰了《河北能源发展报告（2024）》。本书在分析世界能源发展格局、中国能源发展方略、河北能源发展态势基础上，多维度开展专题研究，归纳梳理河北能源发展成就，提出发展举措建议，对政府部门科学决策、能源企业发展运营、专业人士研究借鉴、社会公众了解河北能源发展形势与新型能源强省建设情况，具有一定参考价值。

本书内容共分为六章，主要内容如下：

第一章"能源安全新战略指引河北新型能源强省建设"论述了能源安全新战略的内涵和要求，研究了河北能源发展形势与格局，阐述了河北新型能源强省规划思路、重点举措、取得的成就。

第二章"推动能源消费革命　加快清洁低碳转型"介绍了2023年以来河北能源消费总体情况，研究了河北能源碳排放变化情况、河北能源电力消费弹性系数变化情况，提出了河北能源消费绿色低碳转型升级的典型场景。

第三章"推动能源供给革命　构建多元互补格局"研究了河北化石能源稳定供给能力提升、可再生能源绿色供给能力提升、电力保障供给能力提升的路径与举措。

第四章"强化能源技术革命　培育新质生产力"介绍了全球能源技术发展前沿情况，研究了适宜河北省情的能源技术革命方向，提出了以能源技术革命推进河北能源产业升级的策略路径。

第五章"深化能源体制革命　推进治理现代化"阐述了河北能源治理体系构建完善情况，研究了新型储能参与电力市场机制、电力现货交易推进机制、新型电力系统成本量化预测等内容，介绍了京津冀电—碳—证市场协同发展情况。

第六章"探索能源革命河北落地场景"描述了河北新能源高质量发展示范场景、各级电网协调发展示范场景、乡村能源安全新战略综合示范场景、城市能源安全新战略综合示范场景的构建的具体方法模式与成效。

本书在成稿过程中，得到了上级部门的悉心指导，得到了兄弟单位的鼎力支持，得到了能源领域专家学者的宝贵建议，在此一并感谢。

目 录 ◣

第一章　能源安全新战略指引河北新型能源强省建设⋯⋯⋯⋯ 001

　一　深刻认识能源安全新战略的丰富内涵⋯⋯⋯⋯⋯⋯⋯ 002

　二　能源安全新战略引领河北能源发展成效⋯⋯⋯⋯⋯⋯ 004

　三　河北新型能源强省建设思路与举措⋯⋯⋯⋯⋯⋯⋯⋯ 007

第二章　推动能源消费革命　加快清洁低碳转型⋯⋯⋯⋯⋯⋯ 010

　一　河北能源消费整体情况⋯⋯⋯⋯⋯⋯⋯⋯⋯⋯⋯⋯ 010

　二　河北终端电气化发展情况⋯⋯⋯⋯⋯⋯⋯⋯⋯⋯⋯ 014

　三　河北能源消费绿色低碳升级路径⋯⋯⋯⋯⋯⋯⋯⋯⋯ 020

　四　河北能源消费绿色低碳升级典型场景⋯⋯⋯⋯⋯⋯⋯ 027

第三章　推进能源供给革命　构建多元互补格局⋯⋯⋯⋯⋯⋯ 051

　一　推动可再生能源高质量发展⋯⋯⋯⋯⋯⋯⋯⋯⋯⋯ 051

　二　大力推进煤电清洁灵活性利用⋯⋯⋯⋯⋯⋯⋯⋯⋯ 057

　三　积极安全有序发展核电⋯⋯⋯⋯⋯⋯⋯⋯⋯⋯⋯⋯ 064

　四　提升储能灵活调节能力⋯⋯⋯⋯⋯⋯⋯⋯⋯⋯⋯⋯ 068

　五　有序推进氢能全链条发展⋯⋯⋯⋯⋯⋯⋯⋯⋯⋯⋯ 077

　六　推进传统能源产业转型提质⋯⋯⋯⋯⋯⋯⋯⋯⋯⋯ 083

第四章　强化能源技术革命　培育新质生产力⋯⋯⋯⋯⋯⋯⋯ 092

　一　全球能源技术发展趋势⋯⋯⋯⋯⋯⋯⋯⋯⋯⋯⋯⋯ 092

二　河北的能源技术革命主要方向 ……………………………… 102

三　能源技术革命推进河北能源产业升级 ……………………… 109

第五章　深化能源体制革命　推进治理现代化 ………………… 125

一　建立健全能源治理体系 ……………………………………… 126

二　分布式光伏参与电力市场机制研究 ………………………… 137

三　新型储能参与电力市场机制研究 …………………………… 141

四　电力现货交易推进机制研究 ………………………………… 149

五　京津冀电—碳—证市场协同发展研究 ……………………… 155

六　河北省分时电价政策研究 …………………………………… 162

第六章　探索能源革命河北落地场景 …………………………… 171

一　城市能源安全新战略综合示范场景 ………………………… 172

二　乡村能源安全新战略综合示范场景 ………………………… 201

三　新能源高质量发展示范场景 ………………………………… 210

四　各级电网协调发展示范场景 ………………………………… 222

第一章　能源安全新战略指引河北新型能源强省建设

能源安全事关经济社会发展全局。党的十八大以来，习近平总书记围绕保障国家能源安全发表了一系列重要讲话、做出一系列重要指示批示，指引我国能源电力事业实现一系列历史性、转折性、全局性变化。2014 年 6 月，习近平总书记深谋远虑、运筹帷幄，找到顺应能源大势之道，创造性地提出"四个革命，一个合作"能源安全新战略，为中国新时代能源发展指明了前进方向、提供了根本遵循。十年来，能源安全新战略与时俱进、开放发展，不断着眼新情况新问题、做出新判断新部署，彰显了重大的理论价值、强大的实践伟力，指引我国能源电力事业不断取得历史性成就、革命性进展。

新时代以来特别是能源安全新战略提出十年来，河北省委省政府坚决贯彻习近平总书记关于能源建设的系列重要讲话精神与指示批示要求，以能源安全新战略为指引，正确面对省内能源资源禀赋现状，正视河北作为全国排碳大省的绿色低碳转型艰巨任务，在 2022 年 11 月河北省抓住国家深入推进能源革命机遇，制定实施《河北省加快建设新型能源强省行动方案（2023—2027 年）》，提出建设"风、光、水、火、核、储、氢"多能互补的能源格局，配套出台 7 个专项行动方案，全力推进新型能源强省、绿色低碳转型攻坚任务。

十年来，河北深入推进能源消费革命、能源供给革命、能源技术革命和能源体制革命，能源保障能力不断提升，能源绿色低碳发展实现历史性突破，有力保障了地方经济社会高质量发展，更好满足了人民日益增长的美好生活需要，有效支撑了美丽河北建设。

一 深刻认识能源安全新战略的丰富内涵

习近平总书记高度重视能源电力发展，亲自谋篇布局，发表了一系列重要讲话，做出了一系列重要指示批示，为新时代能源高质量发展提供了根本遵循。2012年11月，在党的十八大报告中首次提出"推动能源生产和消费革命"，强调了实现能源发展方式全方位转变的紧迫性和极端重要性。2014年6月13日，在中央财经领导小组第六次会议上提出"四个革命，一个合作"能源安全新战略，进一步明确了我国能源发展的战略方向，指引我国能源发展取得一系列突破性进展和标志性成效。

习近平总书记强调，能源安全是关系国家经济社会发展的全局性、战略性问题，对国家繁荣发展、人民生活改善、社会长治久安至关重要。虽然我国已成为世界上最大的能源生产国，但同时也是最大的能源消费国，我国能源发展面临着能源需求压力巨大、能源供给制约多、能源生产和消费对生态环境损害严重、能源技术水平总体落后等挑战，面临工业化、城镇化、现代化建设与国家气候变化带来的能源供需格局新变化，要顺应国际能源发展新趋势，必须从国家发展和安全的战略高度，审时度势，借势而为，找到顺应能源大势之道，找到中国能源发展新路径。在能源发展问题上要时刻保持底线思维，时刻保持忧患意识、危机意识。要保障国家能源安全，必须推动能源供给革命、能源消费革命、能源技术革命、能源体制革命，加强能源国际合作。

习近平总书记对能源安全新战略的内涵进行了深刻阐述。推动能源消费革命，抑制不合理能源消费。坚决控制能源消费总量，有效落实节能优先方针，把节能贯穿于经济社会发展全过程和各领域，坚定调整产业结构，高度重视城镇化节能，树立勤俭节约的消费观，加快形成能源节约型社会。推动能源供给革命，建立多元供应体系。立足国内多元供应保安全，大力推进煤炭清洁高效利用，着力发展非煤能源，形成煤、油、气、核、新能源、可再生能源多轮驱动的能源供应体系，同步加强能源输配网络和储备设施建设。推动能源技术革命，带动产业升级。立足我国国情，紧跟国际能源技术革命新趋势，以绿色低碳为方向，分类推动技术创新、产业创新、商业模式创新，并同其他领域高新技术紧密结合，把能源技术及其关联产业培育成带动我国产业升级的新增长点。推动能源体制革命，打通能源发展快车道。坚定不移推进改革，还原能源商品属性，构建有效竞争的市场结构和市场体系，形成主要由市场决定能源价格的机制，转变政府对能源的监管方式，建立健全能源法治体系。全方位加强国际合作，实现开放条件下的能源安全。在主要立足国内的前提条件下，在能源生产和消费革命所涉及的各个方面加强国际合作，有效利用国际资源。

十年来，在能源安全新战略的科学指引下，我国的能源电力事业统筹全局和局部、统筹发展和安全、统筹供给和需求、统筹政府和市场，能源安全稳定供应水平实现新跃升，成功应对了一系列风险挑战，把能源的饭碗牢牢端在自己手里，全力支撑了经济社会高质量发展。能源电力基础设施建设取得令世界瞩目的成就，风力发电装机从7600多万千瓦增长到4.4亿千瓦以上，增长了近5倍，光伏发电装机从1900多万千瓦增长到6亿千瓦以上，增长了30多倍，可再生能源发电新增装机超过全球的一半，累计装机规模占全球比重接近40%，经济发展"含绿量"显著提升。习近平总书记站在中华民族永续发展和构建人类命运共同体的高度，提出能源安全新战略，明确2030年前"碳达峰"、2060年前"碳中和"目标，并将其纳入生态文明建设整体布局加以推进，彰显了维护世界能源安全、应对全球气候变化、促进世界经济增长的中国担当。能源安全新战略，不仅深刻改变着中国能源发展的路径与面貌，更在新一轮能源结构调整与技术变革大势中，让中国更加坚定自信地走自己的能源发展道路。

二　能源安全新战略引领河北能源发展成效

能源是工业的粮食，是经济的命脉。随着全球性能源短缺、环境污染和气候变化问题日益突出，积极推进能源革命是大势所趋。河北作为制造业大省、能源消耗大省、碳排放大省，如何实现减污、降碳、扩绿、增长，推动能源高质量发展、书写中国式现代化河北篇章，是河北必须破解的发展难题。十年来，河北以能源安全新战略为指引，把握省内能源资源禀赋，充分发挥省内丰富的风能、太阳能、生物质能、地热能等新能源资源优势，紧抓国家深入推进能源革命机遇，能源电力基础设施建设取得重大成就，有效满足了经济社会快速发展对能源的需求，为中国式现代化、美丽河北建设发挥了能源主力军和排头兵作用。

（一）能源供给保障能力显著增强

河北省化石能源供给保障基础进一步夯实，可再生能源实现跨越式发展，安全稳定、绿色低碳的能源供应保障体系逐步建立。截至2023年底，化石能源方面，河北省全年原煤产量4611.1万吨，"十四五"期间首次出现煤炭资源使用负增长，为新能源发展腾挪空间；石油方面，河北省全年原油产量471万吨，较上年同期降低13.9%；天然气方面，河北省全年天然气产量6亿立方米，全年落实气源221亿立方米，实际用气205亿立方米，天然气消费较上年同期降低1.46%；可再生能源方面，2023年新增可再生能源并网装机2050.8万千瓦、同比增加43.8%，累计并网装机9340万千瓦、占电力总装机比重63.7%，可再生能源发电量1356.1亿千瓦时、同比增加

17.5%。全省能源自主保障能力持续提升，基本形成多轮驱动的能源生产供应保障体系。

（二）能源配置格局更加科学高效

天然气基础设施建设加快推进，实施辛集—赞皇输气管道等 30 条天然气长输管道项目，全省累计建成投运管网近 170 条，省内全长超 10000 公里，最大分输能力 1.5 亿立米/日以上。电力大动脉四方纵横，省内建成 12 条特高压输电通道，有力促进了电力资源大范围内优化配置。截至 2023 年底，河北南网形成特高压交流"两站通道"、500 千伏"四横两纵"骨干网架、220 千伏"七分区"的供电格局；冀北电网运维 1000 千伏变电站 3 座、线路近 1200 千米，±800 千伏线路 577.9 千米，±500 千伏换流站 3 座、线路 662.7 千米，共同承担起服务京津冀协同发展、保障首都和全省供电安全、优化资源配置、助力能源清洁低碳转型的重要职责。

（三）绿色低碳能源消费方式广泛形成

河北省持续加大能耗强度监测和考核，能源利用效率不断提高，能耗强度逐步降低。特别是"十四五"以来，河北用年均 0.27% 的能源消费增长支撑了年均超过 5% 的国民经济增长，单位 GDP 能耗由 0.85 吨标煤/万元下降为 0.81 吨标煤/万元，煤炭消费总量下降 843 万吨标煤。2023 年河北省全社会用电量 2734.56 亿千瓦时、同比增长 9.5%，绿电交易规模达到 196.22 亿千瓦时，电能占终端能源消费比重为 19.12%，能源"双控"制度有效落实，"两高"项目清理取得实效，清洁能源消费稳步增长，绿色低碳转型加快推进。

（四）能源科技创新取得长足进步

河北立足于重大技术研发、重大装备研制、重大示范工程建设、科技创新平台搭建的"四位一体"能源科技创新体系，充分发挥特高压输电、柔性直流、新能源发电上网、氢储等先进技术，在新型能源体系规划、新型电力系统建设中发挥河北特色作用。重点建设锂离子电池、液流电池、压缩空气储能项目，探索氢储能及发电综合应用示范，打造张承综合储能示范区。加快基础元器件及专用设备发展，推动关键软件、工业机器人研发，打造石家庄能源电子配套产业集群。加快发展正负极材料、隔膜、电解液和电池产品，打造唐沧邯新型储能电池产业集群。推动硅片、铝箔等材料、智能组件等发展，打造邢保光伏产业集群。

河北着力把绿色能源打造成绿色发展新引擎，实施能源绿色转型科技支撑行动、区域绿色发展科技引领行动、工业绿色改造科技促进行动"三大行动"，为进一步降低能耗贡献科技力量。光伏产业形成"拉晶（铸锭）—硅棒（硅锭）—硅片—电池—电池组件"的国内较为完整的产业链。风电产业拥有国能联合动力、金风科技、远景能源、运达风电、明阳新能源等行业头部企业，产业链涵盖了风力发电机组、塔筒、轮毂、叶片制造以及风电技术研发、风电设备检测等环节。省建投可再生能源制氢与氢能利用、新奥集团区域综合智慧能源系统两个项目入围国家"十四五"第一批"赛马争先"创新平台名单。赤城县重力储能、双滦区混合储能、平山县和白洋淀锂离子电池储能4个项目入选国家新型储能试点示范名单。围场县成功入选国家第一批农村能源革命试点县。

（五）能源体制机制改革深入推进

河北省能源政策法规相继出台，能源体制机制不断完善，能源发展规划意识显著提升，政府能源治理能力与能源保供能力明显增强，煤炭市场体系趋于完善，油气改革纵向深入，电力市场改革持续深入，能源监管力度松紧适度，有力推进全国统一能源大市场建设。

2023 年 9 月，河北省在全国率先制定《河北省新能源发展促进条例》，配套出台《河北省发展和改革委员会关于加强风电、光伏发电储备类项目管理工作的通知（试行）》等 5 项政策性文件，初步形成支持新能源发展、双碳目标落地的"1+N"政策体系。为加快新型能源体系与新型电力系统建设，出台了《河北省氢能产业发展三年行动方案（2023—2025 年）》，以及《关于加快构建全省高质量充电基础设施体系的实施意见》《加快推动农村地区充电基础设施建设促进新能源汽车下乡和乡村振兴实施意见》等一批政策文件，有效激发河北能源发展动力活力。

三　河北新型能源强省建设思路与举措

河北省委省政府坚决贯彻习近平总书记关于能源建设的系列重要讲话精神与指示批示要求，研究制定《加快建设新型能源强省行动方案》，提出建设"风、光、水、火、核、储、氢"多能互补的能源格局，以清洁高效多元支撑的新型能源强省建设为抓手全力推进"四个革命，一个合作"能源安全新战略落地，加快实现能源发展的绿色转型。根据方案，河北将实施抽水蓄能开发提速、风电光伏高质量跃升、海上风电有序开发、清洁火电高质量建设、坚强智能电网建设、核电项目稳步推进、天然气输储基地建设 7 个专项行动，大力优化能源结构，推进抽水蓄能电站项目建设，协同发展光伏、风电、氢能，安全有序发展核电、海上风电，积极争取清洁高效煤电项目，因地制宜推进生物质发电、地热利用，推动形成多种能源互补的新格局。预计到 2027 年，河北全省火电支撑电源规模将达到 6900 万千瓦以上；风光电装机 1.14 亿千瓦，海上风电装机达 500 万千瓦，抽水蓄能并网装机 1500 万千瓦，全省电力供需将实现基本平衡，新型能源产业成为河北现代化建设的重要支撑。一是注重多元协调，筑牢安全底线。统筹发展和安全的关系，强化区域能源基础设施互联互通，加强新能源的安全可靠替代，促进传统能源与新能源协调发展，增强风险应对能力，构筑坚强有力、多能互补、安全可靠的能源供应格局。二是注重绿色高效，推动低碳转型。统筹能源可持续发展和生态文明建设，坚持节能优先，倡导绿色低碳生产生活方式，着力提高能源利用效率，加快绿色能源大规模开发消纳，形成能源与环境和谐共生的发展格局。三是注重创新融合，突出科技引领。加快氢能、储能等先进技术研发与示范应用，促进能源科技与现代信息技术跨界融合，提升能源产业数字化和现代化水平，以新技术培育新业态，以新业态推动新发展。四是注重开放发展，强化合作共赢。深化能源市场化改革，积极拓展能源领域合作渠道，创新合作模式，推动区域能源一体化协同发展，加快形成可再生能源协同消纳新局面。五是注重惠民共享，提升民生服务。坚持以人民为中心的发展思想，强化民生领域能源需求保障，缩小城乡用能差距，持续提升能源普遍服务水平，推动能源发展成果更多更好惠及广大人民群众。

2023年，河北聚焦项目建设，新型能源强省建设实现强势开局。一是能源绿色转型成效显著。全省新增可再生能源并网装机2050.8万千瓦，同比增加43.8%；可再生能源累计并网装机9340万千瓦，占电力总装机比重为63.7%；可再生能源发电量1356.1亿千瓦时，同比增加17.5%。二是扎实推进抽水蓄能项目。新投运机组3台90万千瓦，全省抽水蓄能并网装机规模达到427万千瓦。全省在建项目11个1320万千瓦，规模居全国前列。其中，丰宁抽水蓄能电站规划装机360万千瓦，被称为"超级充电宝"，是世界上规模最大的抽水蓄能电站。三是清洁火电项目稳步推进。全年推动16个重点项目，邯郸热电"退城进郊"项目双机投运，保热九期项目投运一台机组，保定西北郊项目正式开工。四是坚强智能电网建设加速推进。"两交两直"跨省区输电通道建设取得积极进展，深入推进省内主网架建设，持续推进农村电网建设。五是积极推进海兴核电项目。抓紧开展项目可行性研究论证等前期工作。六是天然气输储基地加快建设。曹妃甸新天 LNG 项目、冀东油田储气库群工程项目按计划推进。七是氢能、储能产业发展步伐加快。全省已建成工业副产氢项目 15 个、可再生能源制氢项目 7 个，累计建成加氢站 34 座，加快储能规模化布局，投产新型储能 53.8 万千瓦。

第二章　推动能源消费革命
加快清洁低碳转型

能源消费革命是我国能源高质量发展的基本要求，是保证国家能源安全的重要措施，也是转变经济发展方式、调整产业结构的重要抓手。2016 年 12 月，国家发改委印发《能源生产和消费革命战略（2016—2030）》，提出能源消费革命的主要目标是节约能源，强化约束性指标的管理，同步推进产业结构和能源消费结构调整，从根本上抑制不合理的消费，增强全民节约意识，培育节约生活新方式，提高能源利用的技术效率和经济产出效益，加快形成能源节约型社会。

在"双碳"目标下，能源消费侧节能降碳的任务更加紧迫，"十四五"是碳达峰的关键期、窗口期。2023 年 7 月，习近平总书记组织召开中央全面深化改革委员会第二次会议，审议通过了《关于推动能耗双控逐步转向碳排放双控的意见》，提出增加总量控制弹性，明确新增可再生能源不纳入能源消费总量控制，有效避免了"双控"对经济发展的制约，同时要求严格控制能耗强度，表明对高质量发展的要求。河北需要深化需求侧能源消费革命，厘清能源供需关系，推动供需互动和灵活调节，如此才能在实现双碳目标的新征程中行稳致远。

一　河北能源消费整体情况

（一）能源消费总量保持稳定，消费结构持续优化

2023 年河北省能源消费总量约为 32600 万吨标准煤，同比增长

0.19%，占全国能源消费总量（57.2亿吨标准煤）的5.7%。其中，煤炭消耗26200万吨、同比下降1.55%，石油消耗1550万吨、同比增长2.3%，天然气消耗205亿立方米、同比下降1.44%。各类能源消耗量中，煤炭占比72%、石油占比7%、天然气占比8%、一次电力及其他能源占比13%（见图2-1）。

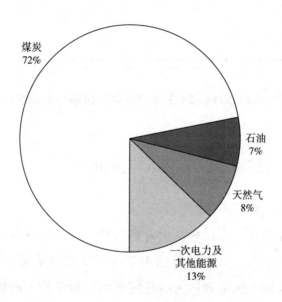

图2-1　2023年河北省能源消耗结构

2014~2023年，河北省能源消费总量由29320万吨标准煤上升到32600万吨标准煤，增长11.19%。2015年增速最高，能源消费总量为31037万吨标准煤、同比增长5.85%；2016~2020年稳步增长；2021年、2022年出现负增长，同比分别下降0.63%、0.16%；2023年恢复正增长，同比增长0.19%，呈现"少煤化"和"清洁化"的趋势（见图2-2）。

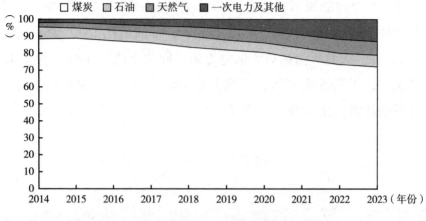

图2-2　2014~2023年河北省能源消耗结构变化

（二）能源碳排放表观进入平台期

1.碳计量计算方式

碳计量分为基于测量和基于计算两种方式，从现有的温室气体排放量核算方法来看，又可以概括为三种：排放因子法、质量平衡法、实测法。排放因子法可理解为将传统能源计量单位上附加一个计算因子，即碳排放量=能源消耗量×排放因子，排放因子是与能源消耗量数据对应的系数，包括单位热值含碳量或元素碳含量、氧化率等，我国已经基于实际情况设置了国家参数，该方法适用于较为宏观的核算层面，可以粗略地对特定区域的整体情况进行宏观把控。质量平衡法碳排放量由输入碳含量减去非二氧化碳的碳输出量得到，二氧化碳排放=（原料投入量×原料含碳量-产品产出量×产品含碳量-废物输出量×废物含碳量）×44/12，可以反映碳排放发生地的实际排放量，不仅能够区分各类设施之间的差异，还可以分辨单个和部分设备之间的差异，尤其在年际设备不断更新的情况下，该种方法更为简便。实测法基于排放源实测基础数据，汇总得到相关碳排放量，这种方法又包括两种实测方法，即现场测量和非现场测量，其中，现场测量一般是在烟气排放连续监测系统（CEMS）中搭载碳排放监测模块，通过连续监测浓度和流速直接测量其排放量。

2.河北能源碳排放情况

基于排放因子法计算，2020~2023 年河北省碳排放保持在 8 吨左右。其中，煤炭作为河北省最重要的火力发电能源，碳排放量占比约77%，仍是最主要的碳排放来源（见图 2-3）。

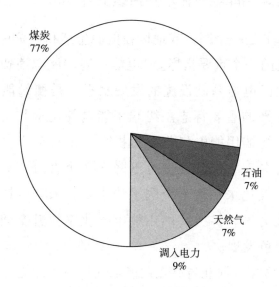

图 2-3　2023 年河北省各种能源碳排放比例

3.河北能源碳排放强度

2014 年以来，河北碳排放强度呈下降趋势，主要原因是使用煤炭产生的碳排放量下降迅速，2023 年较 2014 年累计减少11.59%、碳排放比重下降 8.29 个百分点。通过推进煤矿洗选设施升级改造，增加原煤入洗率，提高洗选煤品质，全省煤炭入洗率保持 90% 以上，重点生产煤矿入洗率达到 100%，精煤产量占到了商品煤比重的 44.4%，带动煤炭资源碳排放量减少，提高洗选煤品质对减少碳排放具有一定的积极作用。同时，天然气、电力等清洁能源的生产和消费逐渐增加，其消费量增长趋势显示出省内对清洁能源需求的提高。

二 河北终端电气化发展情况

（一）终端用能电气化水平持续提升

电气化水平是一个国家或地区在能源生产和消费过程中，反映电力使用程度的一个重要指标。"电能占终端能源消费比重"能合理地反映该地区电力基础设施的发展水平，是衡量能源消费现代化和电气化水平的重要标志。终端用能电气化率与用能效率、质量密切关联。终端用能电气化率每提高1个百分点，全社会能效可提高4个百分点、能源强度可下降3.7个百分点。目前，河北省终端用能电气化水平低于全国平均水平，未来应持续加大能源消费电能替代力度，扩大终端用能电气化率提升空间，服务地区产业升级和绿色发展。

2014~2022年，河北省终端用能电气化率累计提升3.90个百分点。2017年电气化率最低，为13.10%，2022年电气化率最高，达到19.12%（见图2-4）。预计到2025年，电气化率将达21%左右。

1.农林牧渔业电气化情况

2014~2022年，河北省农林牧渔业电气化率提升26.61个百分点。2014~2017年，农林牧渔业电气化水平变动平稳，电气化率在26%~28%之间；2017~2020年，农林牧渔业电气化率快速增长，累计提升28.23个百分点；2020年农林牧渔业电气化率达到峰值，为56.07%；2020~2022年，农林牧渔业电气化率稳定在53%以上（见图2-5）。

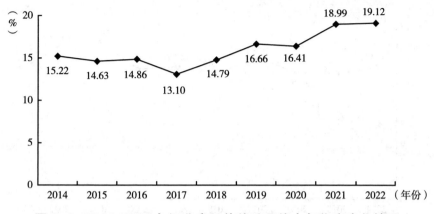

图 2-4　2014~2022 年河北省总体终端用能电气化率变化情况

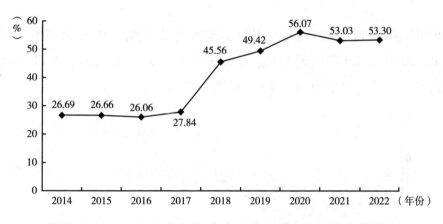

图 2-5　2014~2022 年河北省农林牧渔业电气化率变化情况

2. 工业电气化情况

2014~2022 年，河北省工业电气化率提升 2.22 个百分点。工业电气化率呈现波动上升态势，在 2021 年达到峰值，电气化率为 16.68%（见图 2-6）。工业用能中焦炭、煤炭、高炉煤气占比较高，2022 年分别为 38.50%、16.19%、11.52%。

3. 建筑业电气化情况

2014~2022 年，河北省建筑业电气化率提升 12.23 个百分点。

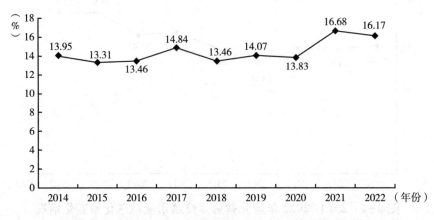

图 2-6　2014~2022 年河北省工业电气化率变化情况

2016~2022 年，建筑业电气化率总体呈上升趋势，电气化率提升较快，2019~2020 年出现跃升态势，提升了 9.73 个百分点，2021 年达到峰值，电气化率为 36.90%（见图 2-7）。

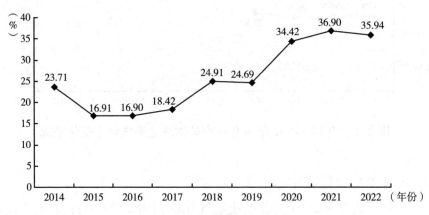

图 2-7　2014~2022 年河北省建筑业电气化率变化情况

4. 交通运输、仓储和邮政业电气化情况

2014~2022 年，河北省交通运输、仓储和邮政业电气化率提升 4.34 个百分点。交通运输、仓储和邮政业电气化率呈波动上涨趋势，

2022年达到峰值，电气化率为15.93%（见图2-8）。该行业电气化率相对处于较低水平，未来提升空间较大。

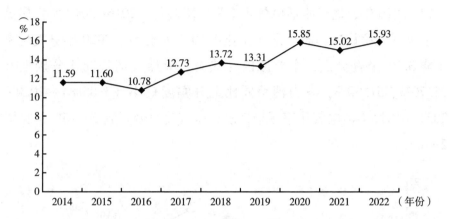

图2-8 2014~2022年河北省交通运输、仓储和邮政业电气化率变化情况

5. 批发零售和住宿餐饮业电气化情况

2014~2022年，河北省批发零售和住宿餐饮业电气化率提升11.00个百分点。批发零售和住宿餐饮业电气化率处于较高水平，2018~2020年提升较快，2019~2022年保持在40%以上水平（见图2-9）。

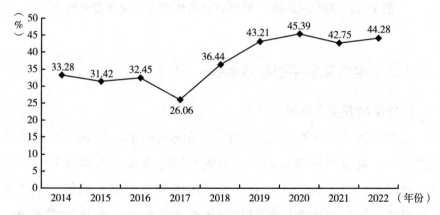

图2-9 2014~2022年河北省批发零售和住宿餐饮业电气化率变化情况

6. 居民生活电气化情况

2014~2022 年，河北省居民生活电气化率提升 1.92 个百分点。2014~2016 年，居民生活电气化率呈下降趋势，2016~2019 年，居民生活电气化率快速提高，累计提升 4.10 个百分点。2020 年电气化率下降 3.21 个百分点，主要原因为热力、天然气消费同比分别上升 95.76%、51.30%，电力消费同比上升幅度较小（5.85%）。2020~2022 年居民生活电气化率逐渐恢复，电气化率恢复到 20.15%（见图 2-10）。

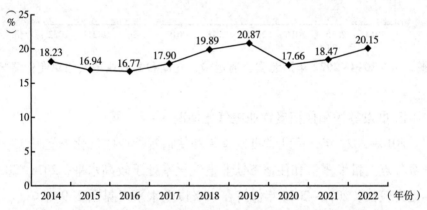

图 2-10　2014~2022 年河北省居民生活电气化率变化情况

（二）电气化水平仍有较大提升空间

1. 各类能源成本不同

电力作为二次能源，经发输配送至终端的能源转换效率最高不超过 35%，叠加全链条利润，导致电力转化热能的价格平均是煤炭的 4 倍左右、燃气的 2 倍以上。在以热能为主要需求的能源消费产业如钢铁、化工等行业，电能相对于煤炭、燃气，经济性需要进一步提升。

2. 区域能源禀赋差异

截至 2023 年底，河北省电力整体仍处于紧平衡水平，部分时段、局部地区供需紧张的问题依然存在。河北新能源装机占比超 50%，但发电量占比偏低，引入跨省跨区电力交易对高耗电企业扎根河北吸引力仍然不足。

3. 区域产业结构差异

河北省电能占终端能源消费比重与地市产业结构分布呈现强相关性。钢铁、铸造、玻璃、化工等高耗能产业在生产过程中大量消耗煤炭，拉低了电能在终端能源消费的比重。

（三）推动形成融通互联、协调有序的电气化发展新局面

1. 强化顶层设计，健全完善能源消费电气化政策体系

一是将终端电气化率作为推动碳达峰、碳中和的关键指标，谋划制定河北省电能替代战略规划，将电气化纳入相关行业规划和城市发展规划，在金融财税政策等方面予以倾斜。二是完善能源消费总量和强度"双控"机制，研究制定更加严格的限制分散燃煤、燃油消费的政策和标准，建立电气化相关的生态、环保监督考核制度，加快出清落后产能。三是完善能源价格体系，建立合理能源比价关系，推动能源价格充分反映生态环保成本。四是建立电气化水平监测体系，定期评估各项工作的进展情况和效果，根据监测评估结果，持续优化政策措施和技术方案，确保电气化工作的持续推进和有效落实。

2. 聚焦重点行业，推进可再生能源和电能替代

一是在能源供应侧实施清洁替代，大力提升"外电入冀"绿电占比，持续增加天然气供应，积极发展本地清洁能源，提升能源供应质量。二是加强技术研发和创新，鼓励和支持企业、高校、科研机构等加大对电气化技术的研发投入，推动电气化技术的创新和发展。三

是在能源消费侧结合数字化转型和产业升级，加快淘汰退出落后产能，深入推进工业生产、建筑供冷供热、交通运输、农业农村等领域的电能替代，稳步推进抽水蓄能、海上风电、生物质能和地热能等的开发利用，促进新能源汽车产业高质量发展，构建以电为中心的终端能源消费格局。四是发挥电网的平台优势和带动作用，大力推进电气化关键技术和装备攻关，积极开展试点和推广工作。

3. 加强市场建设，提升电能经济性和适用性

一是完善电力市场交易机制，引导鼓励分布式电源、储能、虚拟电厂、电气化项目灵活参与挂牌交易、需求响应、辅助服务、现货交易等。二是加快推进河北电力绿色交易和碳市场建设，推动电力市场与碳交易市场融合发展，实现碳减排与电气化提升的相互协同。三是鼓励引导终端智慧用电技术、业态和运营，培育冷热电氢多能互补的综合能源产业，强化技术服务市场建设，拓宽投融资渠道，培育河北省清洁低碳的电气化产业。四是提升电力市场的运行效率和透明度，建立健全电力交易监管体系，加大对市场主体的监管力度，确保电力市场健康发展。

三　河北能源消费绿色低碳升级路径

（一）能源消费绿色低碳升级的总体思路

深化能源消费革命需依靠目标、思想、方法上的多管齐下、多方协力，综合运用能耗控制、减少碳排放、能源结构调整等多种手段。新型能源体系建设带来发展新动能，河北需要逐步优化能源消费结构，促进能源消费的清洁化和多元化。适应能源布局变化，更好连接能源基地与能源消费中心，向北方地区绿色能源枢纽转型。

目标上，能源消费革命需要在能耗、碳排放管理、非化石能源利

用等方面强化约束性指标管理，倒逼产业结构、能源结构调整。考虑代际和区域之间的效率与公平，基于各地区的实际情况将总体目标进行分解，加强与碳达峰、碳中和目标任务的衔接，根据发展实际进行动态调整。

思想上，由"粗放式"向"集约式"、高耗能向低碳绿色发展，跳出"高耗能、重污染、低效率"的老路，培育绿色低碳的生产和生活的理念与方式。充分调动全社会节约能源、低碳行动的积极性，引导民众树立绿色增长、共建共享的理念，倡导勤俭节约的消费观念，鼓励消费侧转向更清洁低碳的能源品种，并合理推进灵活的用能方式。

方法上，需要以市场为主导，辅以政府引导的方式，建立健全绿色消费的促进机制和支持政策，使之广泛被社会认可。在工业、建筑、交通等重点领域进行细分政策的制定与实施，推动城乡电气化发展，以能源消费结构调整推动传统产业升级转型，以产业结构调整促进能源消费结构优化。

（二）统筹电气化发展与电力供应保障

河北省应结合中长期电力供需形势，科学匹配新增用户用电需求与电力供应能力，合理安排各类电能替代项目建设运营时序。在电力供需形势相对宽松地区，结合工业、建筑、交通运输部门电能替代和产业低碳电气化转型政策支持力度，积极推动实施技术成熟度高、经济性好、减污降碳效果明显的电能替代项目，更好满足终端用户日益增长的清洁电力需求；在电力供需形势时段性偏紧地区，稳步推广非高峰季节电能替代项目，或建设布局具备错峰供能的电能替代项目，如"热泵+蓄能"、建筑电蓄冷、农业电烘干等；在电网网架薄弱的边远地区，考虑电能替代项目建设运营成本，稳妥布局分布式能源微电网项目。

1. 推进产业结构高端化转型

依法实施"双超双优高耗能"企业强制性清洁生产审核，严控重点高耗能行业新增产能，严格执行产能置换政策。加快发展绿色环保战略性新兴产业，打造能源资源消耗低、环境污染少、附加值高、市场需求旺盛的产业发展新引擎。围绕区域绿色产业链、生态绿色一体化发展示范区、绿色发展示范区等，实施重点区域绿色转型升级工程。

2. 推进建筑电气化发展

建立以电力消费为核心的建筑能源消费体系，在城市大型商场、办公楼、酒店、机场航站楼等建筑中推广应用热泵、电蓄冷空调、蓄热电锅炉，引导生活热水、炊事用能向电气化发展。鼓励建设以"光储直柔"为特征的新型建筑电力系统，推进源-网-荷-储-用协同运行，开展建筑群整体参与的电力需求响应试点，培育智慧用能新模式，实现建筑用能与电力供给的智慧响应。

3. 加速提升交通电气化水平

以《国家综合立体交通网规划纲要》为引领，推动公路交通、水上交通电气化发展。加快推进城市公交、出租车、物流配送等领域新能源汽车推广应用。推进新增和更换港口作业机械、港内车辆和拖轮、货运场站作业车辆等优先使用新能源和清洁能源。加强充换电、新型储能、加氢等配套基础设施建设。

4. 全面提升农村生产生活电气化

坚持政府主导、电网支撑、各方参与，推动提升农村电气化水平。在粮食主产区、特色农产品优势区，推动农产品加工包装、仓储保鲜、冷链物流等全产业链电能替代。支持地方开展新能源汽车和家电下乡，推广普及节能高效家电，推广新能源汽车在旅游景区和特色小镇的应用。

（三）探索不同能源聚合互补模式

河北省加快构建清洁低碳的能源体系，通过助力清洁供暖，减少燃煤等高排放取暖模式，推动电、热、冷、气多元聚合互动，助力智慧能源系统建设，优化完善新能源微电网、"光伏+"应用等新业态的实施路径，培育新型商业模式，拓展多元化、定制化区域综合能源服务。推进"电能替代+综合能源服务"业态融合发展，优选典型公共建筑、工业企业、园区和县域乡镇，鼓励开展电、热、冷、气等多类型能源混业售卖模式，以政府指导签订市场化协议的模式形成综合能源价格。推动电能替代项目市场化运作，鼓励设备厂商及综合能源服务商以合同能源管理方式或设备租赁方式开展电能替代，减少用户一次性投资压力。丰富融资渠道，鼓励银行等金融机构和社会资本参与电能替代工作，提供多样化的电能替代资金解决方案。支持电能替代用户参与电力市场竞争，与各类发电企业开展电力直接交易，增加用户选择权。

1. 大力发展分布式新能源

推动县域能源清洁低碳安全高效利用，引导非化石能源消费和分布式能源发展。支持具备资源条件的地区，特别是乡村振兴重点帮扶县，实施"千乡万村驭风行动"和"千家万户沐光行动"，以县域为单元，利用农户闲置土地和农房屋顶，建设分布式风电和光伏发电，配置一定比例储能，自发自用，就地消纳，余电上网，农户获取稳定的租金或电费收益。

2. 扩大清洁能源消费比例

科学有序提升工业终端用能设备电气化水平，在具备条件的行业和地区推广应用电窑炉、电锅炉、电动力设备。严格控制钢铁、煤化工、水泥等主要用煤行业煤炭消费，推进燃料清洁替代，因地制宜开展分布式新能源、新型储能、高效热泵、工业绿色低碳微电网建设，推进多能高效互补利用。

3.推动可再生能源应用

按照"宜电则电，宜热则热"原则，在建筑采暖、生活热水、炊事等环节推进光伏、光热、地热能等可再生能源应用，推进新建建筑太阳能光伏一体化应用，开展以智能光伏系统为核心、以储能和建筑电力需求响应等新技术为载体的区域级光伏分布式应用示范。

（四）加强用能高效利用和供需互动

推动工农业生产、公共建筑供暖供冷、交通运输、居民生活等重点行业和领域高效电能替代技术创新，开展高效电气化技术装备研发攻关，进一步挖掘多类型资源的多时间尺度需求侧协同能力。利用"源-网-荷-储"协调优化控制技术，实现多种能源在时间、空间、形式上的多维转换和互补协调，积极推动工业负荷、空调负荷、用户侧储能及分布式电源、电动汽车、通信基站、数据中心等多元用户资源参与需求响应。根据自身系统调节需求、电源规划成本、社会环境效益、关联产业拉动等多个方面开展虚拟电厂的规划和配置，推动虚拟电厂等新型资源尽早纳入电力系统规划体系，充分释放需求侧资源灵活性，建立需求侧灵活调节资源库，提升系统的需求响应能力与容量，进而实施高比例需求侧响应，提高电力系统的灵活性，通过供需双向高效互动支撑可再生能源消纳与电网安全稳定运行。

1.推进农村生物质能等清洁供暖

积极推动生物质能清洁供暖。合理发展以农林生物质、生物质成型燃料等为主的生物质锅炉供暖，因地制宜推广生物质热解气等集中供暖，鼓励采用大中型锅炉，在乡村、城镇等人口聚集区进行集中供暖。在大气污染防治非重点地区乡村，因地制宜推广户用成型燃料+清洁炉具供暖模式。因地制宜推进地热能供暖。在地热资源丰富、面积较大的乡镇，优先开展地热能集中供暖。大力推广太阳能、风能供暖。利用农房屋顶、院落空地和具备条件的易地搬迁安置住房屋顶发展太阳能供热。

2. 推进建筑绿色化改造

通过能耗统计、能源审计、能耗监测等数据信息，持续推进建筑用户侧能效提升改造，提升公共建筑节能运行水平；采用智能群控等技术，提高采暖空调系统、电气系统、照明系统效率和电梯系统能效，开展城市低品位余热综合利用试点示范。

3. 全面提升能源资源利用效率

以钢铁、有色金属、建材、石化化工、高载能新型基础设施等领域为重点，通过重点用能设备节能改造、能量系统优化、余热余压利用和公辅设施改造等，提升资源能源利用效率。加快绿色工厂、绿色园区、绿色数据中心建设。

（五）推动电氢氨多元清洁能源替代

2024年9月，国家能源局党组在《人民日报》发表《以能源转型发展支撑中国式现代化》的署名文章，文中提出"推动终端能源消费转型由电能替代为主向电、氢、氨等多元清洁替代转变"，表明国家推动能源终端消费转型政策逐步调整。多元化清洁替代表明随着新能源开发利用技术水平和产业规模持续提升，新能源的利用不局限于电力形式的直接输配和使用，也可以转化为氢能、氨能等二次能源，形成风光氢氨一体化模式。

1. 扩大绿氢替代规模

电解水制氢技术主要包括碱性电解水、质子交换膜电解水、固体氧化物电解水，技术参数对比见表2-1。其中，碱性电解水制氢技术是目前最为成熟的电解水技术，已大批量商业化使用，但是使用的强碱电解质具有腐蚀性和危害性，且启动、调节速度较慢，运行功率范围较窄，与可再生能源发电的适配性不佳。质子交换膜制氢技术近年来发展迅速，适应可再生能源发电的波动性特征，是电氢耦合技术的主要攻关方向。

表2-1　电解水制氢技术参数对比

类型	碱性电解池	质子交换膜电解池	固体氧化物电解池
工作温度（℃）	60~90	30~80	600~1000
电解质材料	20%~30%KOH或NaOH溶液	质子交换膜（PEM）	陶瓷电解质
电解效率（%）	60~75	70~90	85~100
氢气纯度（%）	>99	≥99.9995	>99
特点	成熟，商用	商用规模小	实验室阶段

2. 探索绿氨替代技术突破

绿氨替代包括可再生能源电解水制氢、空气分离制氮、催化剂作用下制氨三个环节。近年来，可再生能源合成氨技术已发展三代。第一代为传统哈伯法合成氨技术，主要是将压缩的氮气和氢气通过催化剂床层，经过加热、压力调节、反应后冷却合成氨，反应温度一般在600℃，压力在200MPa，主要催化剂为铁。第二代为低温低压合成氨技术，通过引入钌催化剂，氮气和氢气在较低的温度（100℃~300℃）和压力（10MPa）下合成氨。第三代为直接电催化、等离子体结合催化剂、低温常压合成氨多种技术路线的综合运用。目前，单套合成氨设备生产规模已由日产5吨发展到年产百万吨级，反应压力已由100MPa降到10~15MPa，安全性、稳定性显著提升。但绿氨制取作为绿电、绿氢制取的后续环节，规模化发展严重受限于成本。

3.打造"电-氢-氨"一体化示范项目

绿电、绿氢、绿氨耦合,有助于同步破解风光发电的"消纳"以及涉氢项目的"储运"难题。由"电-氢-氨"一体化新能源(绿电)、储能、制氢、合成氨醇等部分组成,能够打通从风光—绿电—储能—绿氢—绿氨绿醇,从资源端到消纳端的全产业链,最后赋能化工、工业、交通运输等下游应用。河北可通过加强规划引领,规范项目建设标准,在张北等新能源富集地区探索光伏、生态治理、绿电制氢、绿电交通一体化,在重点化工工业园区探索绿电制氢、绿电工业生产一体化。

四 河北能源消费绿色低碳升级典型场景

(一)工业领域

工业领域中钢铁、炼油、合成氨、水泥等行业是国民经济的重要基础产业,也是能源消耗和二氧化碳排放的重点行业。工业作为能源消费的"主力军"。截至 2023 年底,全国范围内粗钢、炼油、合成氨、水泥等行业仍分别有约 15%、15%、11%、16% 的产能能效达不到基准水平,节能降碳潜力巨大。通过深入实施工业重点行业节能降碳专项行动,加快节能降碳改造和用能设备更新,能够为积极稳妥推进碳达峰碳中和、加快发展方式绿色转型提供有力支撑。

1.工业园区节能技术

工业园区低碳能源供给的实施要统筹好减碳源和增碳汇两个方面。减碳源即构建以综合能源系统和绿电交易为核心的低碳/零碳综合能源供给系统;增碳汇即综合运用碳排放权交易,国家核证自愿碳减排量(CCER),园区绿色植被,碳捕捉、封存与利用(CCUS)等手段,全面提升碳汇能力(见图 2-11)。

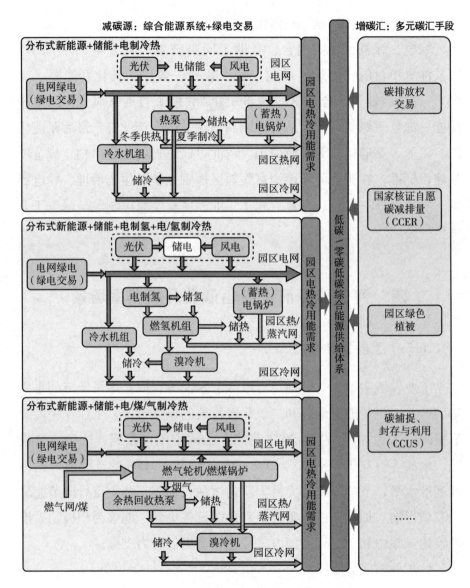

图 2-11　工业园区低碳能源供给实施框架

　　工业园区低碳能源供给包括低碳/零碳能源自供模式、大电网绿电供能模式两种典型模式。

　　低碳/零碳能源自供模式。该模式主要通过园区综合能源系统实现低碳/零碳能源供应，不足或剩余电量通过绿电交易进行补充、消纳。该模式需要充足的新能源资源作为支撑，适用于新能源资源禀赋良好地区。

大电网绿电供能模式。该模式以绿电交易作为获取零碳电力的核心手段，辅以碳排放权交易、CCER等碳汇手段作为实现园区"零碳"的重要补充。该模式下，园区综合能源系统主要用于满足用能需求。其物理结构和系统功能不必过分苛求"零碳"，可结合园区自然资源禀赋灵活选择。该模式主要适用于电力市场成熟度较高地区。

两种典型模式中的园区综合能源系统以电为中心，通过"大电网绿电+分布式新能源+储能+制冷制热"实现园区多能一体化供应。根据园区高温热需求差异，主要包括"分布式新能源+储能+电制冷热"、"分布式新能源+储能+电制氢+电/氢制冷热"和"分布式新能源+储能+电/煤/气制冷热"三种典型系统结构。"大电网绿电+分布式新能源+储能+电制冷热"系统已进入商业化应用阶段，经济性较好，是当前发展重点。

典型系统结构一："分布式新能源+储能+电制冷热"系统。系统构成上，该形态以分布式光伏、分散式风电、分布式生物质、分布式地热等分布式新能源和电化学储能为基础，叠加热泵、电锅炉等元素，实现以电为中心的多能一体化供应（见图2-12）。特征及适用场景上，该形态可直接实现"零碳"能源供给，无须构建园区碳汇，也无须额外配置CCUS等负碳技术装置，具有低成本、高效率优点；但由于现阶段电制高温蒸汽技术尚不具备规模化工程应用能力，该形态当前适用于电子信息、生物制药、物流仓储等无高温蒸汽需求的工业园区场景。发展阶段及经济性上，该系统目前已进入商业化阶段，项目财务内部收益率9%以上、投资回收期一般为10年左右。

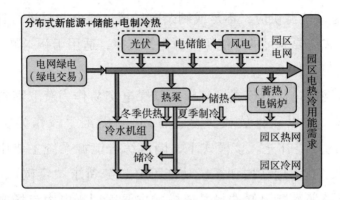

图 2-12   "分布式新能源+储能+电制冷热"系统典型结构

典型系统结构二："分布式新能源+储能+电制氢+电/氢制冷热"系统。系统构成上，该形态在"分布式新能源+储能+电制冷热"形态上进一步叠加电制氢、燃氢机组、储氢、溴冷机等元素；其中，氢由分布式新能源或大电网绿电制氢等方式获取，主要用于满足高温蒸汽需求（见图 2-13）。特征及适用场景上，该形态既能实现"零碳"能源供应，又能制取高温蒸汽，在各类工业园区均适用；但由于电氢制取和储运等技术尚未实现商业化应用，该形态技术经济性、安全性、能源效率有待提升。

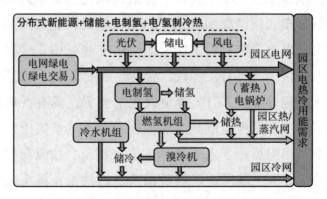

图 2-13   "分布式新能源+储能+电制氢+电/氢制冷热"典型形态

典型系统结构三："分布式新能源+储能+电/煤/气制冷热"系统。系统构成上，该形态在"分布式新能源+储能+电制冷热"形态上进一步叠加燃气轮机（燃气内燃机或微燃机）、燃煤锅炉、余热回收热泵、溴冷机等元素；其中，燃气轮机或燃煤锅炉主要用于满足高温蒸汽需求（见图2-14）。特征及适用场景上，由于该形态通过化石能源满足高温蒸汽需求，必须通过CCUS、煤炭清洁利用等技术以及碳排放权交易等碳汇手段，才能实现"零碳"能源供应；相较于"分布式新能源+储能+电制氢+电/氢制冷热"形态，该形态能够克服"电制氢—氢再制高温热"效率偏低问题，但由于CCUS现阶段成本、碳存储与循环利用问题，该形态经济性和安全性仍待提升。

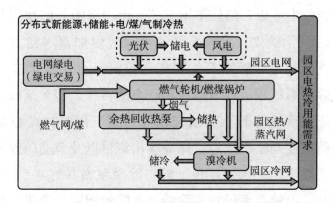

图2-14　"分布式新能源+储能+电/煤/气制冷热"典型形态

2. 钢铁行业短流程炼钢技术

钢铁行业短流程炼钢技术相较于长流程，布局更加紧凑，省去了焦化、烧结、高炉等传统长流程钢铁冶炼技术高污染物排放工序，以电炉为主要生产设备，以废钢为主要原料，使用的是可无限循环使用的绿色资源，采用独特的废料预热方法，利用生产余热将废钢温度提升到600℃左右，缩短废钢熔化时间，同时还可减少煤炭、铁精粉等大宗物料运输，提高生产效率，冶炼电耗可降低约45%。以河北南部某钢铁厂为例，该企业通过投用2座双竖井废钢预热直流电弧炉，将生产方式由以铁矿石为原料的"烧结—高炉—转炉"长流程，转变为以废钢为原料的电炉短流程，相较长流程省去了焦化、烧结、高炉等传统长流程高污染物排放工序。采用短流程炼钢生产工艺后，该企业实现各类污染物大幅下降。经测算，短流程炼钢技术相比长流程炼钢技术吨钢综合能耗降低62%，水耗降低46%，颗粒物、二氧化硫、氮氧化物等主要污染物减少75%，吨钢减少1.6吨二氧化碳、3吨固体废弃物排放，绿色节能效益明显。

3. 轧钢厂高压除鳞水系统节能技术

钢铁企业中厚板、热轧带钢工艺生产中除鳞泵的作用是清除钢坯表面上的氧化铁皮。除鳞泵系统可通过增加蓄水能力，管网优化、高压变频控制、除鳞系统智能化控制平台等技术进行节能改造。根据除鳞系统压力调节高压离心泵的转速，当系统压力达到上限时，离心泵降速运行；当系统压力达到下限时，离心泵升速运行，达到稳定控制输出压力、保证输出流量以及节能的效果。河北某轧钢厂主要生产5米宽厚板，配套除鳞泵站共有4台3000千瓦高压除鳞泵，除鳞泵系统在不除鳞以及除鳞间隔、换辊、待温、小修临时停机不用高压水期间，泵仍在恒速运行，高压离心泵有效能耗利用率最多75%，不能根据生产工艺实时调节出力情况，存在电能和水资源的浪费。鉴于此，该企业对除鳞水系统进行节能改造，系统采用一主泵、一副泵运行模式，系统压力控制在一定范围，在交接班换辊和供水能力过剩期间，主副泵全部低速空载运行，彻底消除高压电机空载运行能耗浪费问题，节电效果明显（见表2-2）。

表 2-2　除鳞泵改造节电降碳情况

设备名称	额定电压（千伏）	额定功率（千瓦）	改前小时耗电量(千瓦时)	改后小时耗电量(千瓦时)	节约电量（千瓦时）
1#除鳞泵	10	3000	2438.61	1869.28	569.33
2#除鳞泵	10	3000	2502.05	1838.51	663.54
3#除鳞泵	10	3000	2927.77	2035.47	892.3
4#除鳞泵	10	3000	2572.5	1743.43	829.07
合计			10440.93	7486.69	2954.24
年节约电量（万千瓦时）			2363.39		
年降碳量（万吨）			1.37		

4. 数字式源网荷储一体化技术

源网荷储一体化以先进技术和体制机制创新为支撑，通过优化整合本地资源，发挥负荷侧调节能力、就地就近灵活坚强发展及激发市场活力，探索源网荷储高度融合的电力系统发展路径，提高电力系统的灵活性、可靠性和可持续性，更好地适应新能源、智能电网和清洁能源发展的需求。

河北某培训中心源网荷储一体化项目占地近 600 平方米，包含 20 千瓦风力发电系统、23 千瓦光伏发电系统、30 千瓦时电化学储能系统、30 千瓦超级电容储容系统和 15 千瓦可调负荷系统。该项目是适应新型电力系统发展要求的源网荷储一体化分布式智能微电网示范样板工程，集先进技术展示、实训教学和科研等功能于一体。整套系统采用交直流混合三母线形态，融合分布式电源、数字智能配网、分层储能装置、柔性可调负荷，基于自主研发的超混电源、物联感知实现了源网荷储一体化光储直柔架构，通过国产自主可信无线专网和数字孪生技术，实现系统的数字化运行管控和仿真实训。该项目能够实现高效节能和多元化能源供应，降低能源消耗和减少碳排放，带来显著的经济效益，同时，系统的智能自动化功能能够减少人工干预和运维成本。项目投运后，每年可生产绿电 4 万余度，减少碳排放近 60 吨；为电网提供 55 千瓦的分钟级最大容量调节能力和 25 千瓦的小时级最大容量调节能力，具备 30 千瓦时的峰谷电量调节能力。

根据系统建设和运行成本以及经济效益分析，源网荷储一体化项目的投资回收期较短，一般在 5~7 年内即可收回投资成本。本系统能够帮助电网提升供电质量，加强电网韧性，强化负荷柔性调节能力，在稳定台区电压、增加负荷调节能力、扩大新能源接入能力、提升供电可靠性方面可作为传统配电网的有益补充。同时本系统可以为用户提供绿色低碳、持续可靠、低价自主的电力供应，可减少对传统能源的依赖。通过优化调度和灵活响应，能够提高可再生能源的消纳能力，推动能源结构绿色转型。

（二）建筑领域

建筑领域是我国能源消耗和碳排放的主要领域之一。随着人民群众对建筑居住环境需求的日益提高，建筑能耗和碳排放还将快速增长，提升新建建筑节能降碳水平以及推进既有建筑节能改造，对建筑领域节能降碳意义重大。

1. 公共机构节能技术

"低碳高效电力供给+柔性用电"是建筑绿色用能的主要实现手段，公共建筑是实施重点。每万平方米公共建筑柔性用电系统可提供 1 兆瓦左右的柔性互动能力。低碳高效电力供给即在资源禀赋和电力保供条件允许情况下，采用"分布式新能源+电能替代+能效智能管理"方式，构建建筑用电系统，实现建筑光伏、用户侧储能、电锅炉、热泵、用电负荷等能源设备的系统集成和高效运行。柔性用电即依托柔性用电控制设备、管理系统等，使建筑用电系统升级为建筑柔性用电系统，实现建筑用电柔性可调并为系统提供可调节资源。典型建筑柔性用电系统如：建筑"光储直柔"系统、区域建筑虚拟电厂等。建筑光伏运营、柔性用电控制等对建筑空间面积、建筑产权、用电负荷管理等具有较高要求。公共建筑用电需求总量和可利用空间面积较大，产权相对清晰，是构建建筑柔性用电系统的主要场景。建筑低碳高效电力供给以"分布式新能源+电能替代+能效智能管理"为核心构建建筑用电系统，主要包括并网运行、独立运行两种典型运行模式。

并网运行模式。该模式已具备技术经济可行性，是未来推进重点。技术方面，关键是实现自治管理及与大电网友好交互，当前已具备可行性。从硬件条件来看，该模式在规划建设时即以打造源、网、荷、储兼备的完整能源系统为目标，加装测控、保护等二次装置，夯实自治管理的硬件基础。从软件条件来看，该模式装设能量管理、协调控制等软件系统，从而具备自主决策管理的"大脑"，统筹内部各类资源维持功率平衡、频率电压等关键参数稳定，并能通过并网点潮流控制实现与主网高效互动。从落地实践来看，已有大量长期运行的案例验证了其技术可行性，如 2002 年 CERTS 建成的美国威斯康星大学麦迪逊分校微网、2004 年 NEDO 建成的日本仙台微网良好运行至今。经济方面，分布式能源及微网能够有效降低用户用能成本。选取我国不同气候区、不同用户类型的典型场景对并网运行模式下建筑用电系统技术经济可行性进行分析，其用能成本为独立型系统的 38%~66%、完全依靠电网供电方式的 70%~95%。

独立运行模式。微网长时间独立运行技术挑战较大，技术可行性相对较差，仅能作为针对海岛、边远地区等特定场景的特殊举措或电网故障等特殊时段的被动选择。技术方面，微网长时间独立运行技术挑战较大，可行性不强。一是源荷不确定性问题突出，微网长时间保持功率平衡困难。光伏等分布式能源出力具有较大不确定性，叠加负荷波动增加了源荷匹配难度，保持功率平衡对调度控制策略要求极高。二是抗扰动能力差，易诱发频率电压稳定问题。分布式电源具有低惯量属性，微网独立运行时缺乏主网支撑，面临扰动易引起复杂机理宽幅振荡，导致频率电压越限，系统失稳崩溃。三是三相不平衡、谐波等电能质量问题严重。负荷的三相不平衡度、大量电力电子设备、非线性器件产生的谐波长时间存在会影响配用电设备使用寿命。经济方面，该模式将明显推高用能成本，经济可行性较差。首先，系统能量来源方面，光伏发电装机容量和成本大幅增加。微网长时间独立运行意味着分布式新能源发电成为微电网仅有的能量来源，但新能源利用小时数低，为满足全时段电量需求，发电装机容量需达到最大负荷的数倍，建设成本高，且部分场景下将超出用户侧光伏铺设潜力上限。另外，微网存在冬夏季光伏利用充分、春秋季弃电严重的问题。其次，系统调节资源方面，微网储能装机容量和成本大幅增加。光伏出力时段集中于白天特别是午间，为满足全时段能量需求需建设大规模、长存储时间的储能，进一步推高用能成本。

2.电力供给与建筑用能柔性互动技术

电力供给与建筑用能柔性互动技术应用主要包括两大类、四种典型模式。一类是价格型柔性互动模式，包括分时电价模式和定负荷模式等两种典型模式，其中，分时电价模式以电网为主导，定负荷模式以建筑柔性用电系统为主导。

分时电价模式。机理上，该模式以优先使用大电网低谷电力为目标，通过柔性用电控制设备事先（一般提前1天）对建筑电力系统内各类设备的用电功率进行分时规划，实现用电功率与分时电价的匹配跟随，从而达到参与电网调节的目的。特征上，该模式的调节成效与分时电价时段划分合理性密切相关，若分时电价时段无法精准反映电力供需情况，该模式可能反向增加电网调节压力。

定负荷模式。机理上，该模式通过柔性用电控制设备和多元储能，将建筑用电系统在一定时间内等效为一个恒定功率负荷，使得其系统从大电网获得的功率和电量保持恒定，从而降低峰谷时段的电网运行压力。特征上，该模式需要配置大量储能以保证建筑用电功率恒定，在兼顾经济性和技术可行性基础上，或可在用电负荷波动小、用电时间稳定的场景中具有较好适用性；同时，该模式需要先进控制技术设备（如能源路由器等）作为支撑，短期内实现难度大。

另一类是市场型柔性互动模式，包括用户行为自适应响应模式和"点对点"模式两种典型模式，其中用户行为自适应模式由电网主导，"点对点"模式由建筑柔性用电系统主导。

用户行为自适应响应模式。机理上，依托电力用户行为分析框架，对建筑柔性用电系统运营主体的用电行为进行多维度分析，进而设计定制化互动策略和市场激励方式，以引导建筑柔性用电系统运营主体更好参与电力需求响应。此模式下的电力用户行为分析框架一般包括用户行为属性分析、互动结果预见、互动策略和激励方式制定三个环节。用户行为属性分析环节通过对建筑柔性用电系统运营主体基本属性、用电属性、偏好属性的多维度分析，立体化挖掘用户的互动需求。其中，基本属性包括用电设备信息、经济社会信息等，用电属性包括用电模式、用电趋势、互动潜力等，偏好属性包括互动意愿、价格敏感度、激励敏感度等。互动结果预见环节基于用户行为属性分析结果，对建筑柔性用电系统运营主体的互动行为进行分时间尺度预测，一般包括超短期、短期和中长期。互动策略和激励方式制定环节则根据互动预见结果，设计契合建筑柔性用电系统运行主体的定制化互动策略。特征上，该模式以用户电力行为为基础，提供定制化的互动策略，能够最大限度上激发建筑柔性用电系统参与电力需求响应的主动性。但单个建筑柔性用电系统能够提供的可调节负荷较小，满足大规模需求响应还需对多个建筑柔性用电系统进行集成，实现"群体"响应。

"点对点"模式。机理上，建筑柔性用电系统与接入同一电网的邻近新能源电站直接进行交互。具体而言，建筑柔性用电系统按照邻近新能源电站日前预测发电曲线，匹配自身用电曲线以及储能充放电计划，进而根据日内实际发电曲线对自身用电功率（含储能）进行实时优化调整，确保用电曲线和发电曲线的最大限度匹配，从而降低建筑柔性用电系统及其"点对点"新能源电站对电网运行调节的影响。特征上，该模式需要相匹配的互动、交易机制作为基础支撑，短期内实现难度较大。

3. 光伏+储能新能源典型技术

光伏+储能技术，简单来说就是把太阳能发电和电池储电结合起来。随着光伏并网容量越来越大，一方面对电网的冲击日益增大，另一方面光伏发电系统受光照条件影响存在一定的波动，从设备安全稳定运行、电能质量和运行调度等方面综合考虑，配套安装储能系统可以更好地解决上述问题。首先，它能确保供电更稳定可靠，储能设备就像是一个大电池，把多余的太阳能发电储存起来，当太阳光不足或者用电需求大时能够提供电力，保证供电不断。其次，光伏+储能技术还能让太阳能发电更经济，通过优化运行，能让更多光伏发电自发自用，减少购电成本，而且储电设备还能参与电力辅助服务市场带来额外的收益。

4. "优易能"电管家智能运维服务典型技术

该技术主要针对河北南网建筑领域 10 千伏及以上电力用户变配电代运维需求，通过"优易能"电管家智能运维服务为公共建筑、商业楼宇提供用电监测、智能运维、能效诊断等服务，提升用电安全水平，降低用能成本。"优易能"电管家紧扣用户变配电设施用电管理痛点，为用户进行配电智能化改造，加装多功能监测单元、门禁传感器、水浸传感器、烟雾传感器、视频监控和温湿度传感器，通过有线或无线的方式接入综合保护测控装置、变压器温控仪接口，以智能化手段实现配电室远程集中化值班、系统自动化监控、24 小时在线监测、运行数据化分析、现场移动化巡检。针对建筑领域的高压配电室，该技术具有用电监测、异常告警、能效分析、报表输出等全流程用电管理功能，可将配电室配电运行情况进行全场景监测分析，实现用电运行可视化监测、用电异常精准判断、用电能效动态分析、设备安全实时预警，实现配电室"无人化、智能化、可视化"值守，降低用电管理成本。

（三）交通领域

作为重点行业之一，通过加强充电基础设施建设，可以支撑新能源汽车产业发展，形成经济发展新动能，促进能源、交通领域的清洁低碳转型。电网与绿色交通设施友好交互典型模式以车网互动为重点，主要包括专用充电场站、居住社区个人充电桩、公共充电场站、充电运营商四类场景。

1.专用充电场站场景

作为专用充电场站用户的运营类车辆具有充电电量需求大、价格敏感性高且相对易于统一管理的特点，是有序充电潜力最大的车辆用户类型，但如果不加以有效引导，它们会加剧电网峰值负荷压力。专用充电场站以服务稳定的运营类车辆用户为主，包括公交车、出租车、景区摆渡车等，其特点是充电需求量大且稳定、对充电价格信号相对敏感、充电车辆和充电负荷便于统一管理，适合作为车网互动的主要"破题点"。如果专用充电场站参与有序用电，将车辆集中于电网谷值时段充电，可有效减小电网压力。运营类车辆能否被引导到电网谷值充电，取决于峰谷电价差大小、连接车辆的充电桩是否具备自动唤醒功能、充电桩数量与运营车辆数量配比等因素。

2.居住社区个人充电桩场景

对于具有个人充电桩的电动汽车用户，居住社区是首选充电地点。随着我国对电动汽车的支持政策陆续出台，私家车保有量持续增长，充电桩需求和充电负荷不断增大，有序充电的理论发展潜力逐步扩大。但部分居民小区由于物业管制，充电桩进小区的难度较大，叠加居住区充电价格低，居住社区有序充电潜力难以完全释放。

3. 公共充电场站场景

公共充电场站面向所有社会车辆，目前是我国重要的充电基础设施，规模远超专用充电场站，且处于持续增长的发展趋势中。选择公共充电场站的电动汽车用户诉求是用最快的速度完成充电，因此公共充电场站的充电设施多为大功率充电桩。叠加公共充电场站中充电桩数量多的特性，公共充电场站参与车网互动的理论潜力较大。但公共充电场站车辆的流动性较强，多为"即充即走"模式，其充电需求难以预测、充电负荷难以优化调控，为保障用户充电需求，公共充电场站的可调功率范围相对较小。

4. 充电运营商场景

充电运营商集合了大量分散用户资源，通过探索与充电运营商合作，协同开展车网互动。充电运营商以服务 C 端客户为主，但电动汽车的分散特性导致目的地充电设施的覆盖率与车辆充电需求之间难以平衡，因此 C 端盈利困难。充电运营商盈利来源除了收取服务费之外，还可利用电动汽车后市场做衍生和增值服务，比如通过参与车网互动获得补贴。

（四）农业领域

当前，低碳农业已成为全球农业发展的重要趋势。我国是农业大国，既有发展低碳农业的必要性和紧迫性，又有着广阔的可持续发展前景。加强农业绿色低碳技术人才培养，推进农业绿色低碳技术研发与应用，是降低农业领域能源消费的重要手段之一。

1. 农村分布式低碳综合能源供给模式

农村分布式低碳综合能源供给模式适用于分布式光伏、分散式风电资源丰富的中东部地区，包括"光伏+现代农业""新能源+农村景观旅游""新能源+生态修复"等，经济性较好宜推广。"光伏+现代农业"：在林区、牧区合理布局林光互补、牧光互补等项目，打造发电、牧草、种植养殖一体化生态复合工程。"新能源+农村景观旅游"：新能源与路灯、座椅等公共设施一体化发展；风电设施通过与当地自然及人文景观结合，与当地旅游、特色小镇建设、民生改善工程协调发展。"新能源+生态修复"：适宜荒漠化、盐碱地、采矿采煤塌陷区。

2. 生物质资源综合利用模式

生物质资源综合利用模式适用于大多数农村地区，以作物秸秆、人畜粪便、生活垃圾等生物质资源综合利用为主，构成生物制气、发电、供热等多种用途相结合的分布式能源系统。该模式以农业为主、能源为辅，关键是沼渣还原，农、牧、果、沼相互结合。同时生物质沼气发酵技术还可与渔业、农副业、加工业等相结合，实现农村生物质能技术与农村生产、农业发展和生态保护的融合发展。与传统的户用沼气发酵、填埋等生物质利用模式相比，农村生物质分布式能源综合利用模式更多地与农村生产和生活融合。

"生物天然气+有机肥"模式是指以畜禽粪便、农作物秸秆、城镇生活垃圾、工业有机废弃物等为原料，经厌氧发酵和净化提纯后产生与常规天然气成分、热值等基本一致的绿色低碳清洁环保可再生燃气。"生物天然气+有机肥"的发展模式，定位是以农业为主、能源为辅，关键是沼渣还原。

3. 分布式低碳综合能源系统模式

分布式低碳综合能源系统是以风、光、生物质为主，储能、天然气为辅的高度自给的综合能源系统，提供冷热电气等多种能源品种，适用于农业产业园区、县域工业园区、大型公共建筑等，在以县域为单元推进新型城镇化建设中具有较大潜力，当前重点是推进示范应用。我国多个政策文件对分布式低碳综合能源系统建设提出相关要求，《乡村建设行动方案》提出"发展太阳能、风能、水能、地热能、生物质能等清洁能源，在条件适宜地区探索建设多能互补的分布式低碳综合能源网络"；《加快农村能源转型发展助力乡村振兴的实施意见》提出"在县域工业园区、农业产业园区、大型公共建筑等探索建设多能互补、源荷互动的综合能源系统，提高园区能源综合利用率""建设新能源高效利用的微能网，为用户提供电热冷气等综合能源服务"；《"十四五"可再生能源发展规划》提出："在有条件的区域结合当地资源及用能特点，以村镇为单元，综合利用新能源和各类能源新技术，构建以风、光、生物质为主，储能、天然气为辅，高度自给的新能源微能网。"

（五）基于综合能源的变电站

1. 综合能源系统的主要形式

（1）天然气分布式能源系统

天然气分布式能源系统也称基于燃气机组的冷热电三联供模式，是指以天然气为燃料，通过冷热电三联供等方式实现能源的梯级利用，综合能源利用效率70%以上，目前许多发达国家已可以将分布式能源综合利用效率提高到90%以上，并在负荷中心就近实现能源供应的现代能源供应方式。在各种类型的分布式能源系统中，天然气分布式能源系统是技术最成熟、经济性最好、最科学、最充分的用能模式。其具体的模式如图2-15所示。

基于燃气机组的冷热电三联供模式是典型的天然气网络与电力网络相结合的模式，利用分布式的燃气机组将天然气转化为用户电负荷的同时，实现对于冷负荷和热负荷的满足，将天然气网络和配电网络进行联动，对于能源间的协调互补具有巨大的价值。不管是在天然气方面还是在电力方面，都可实现"削峰填谷"的效果，从根本上显

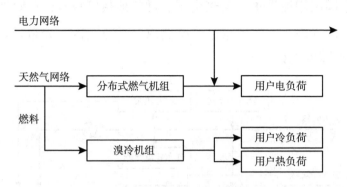

图 2-15　天然气分布式能源系统

著提升系统功能的灵活性与可靠性，另外对于节能减排也十分有利。

分布式能源系统的初期投资大，通常需要优质燃料；同时要有比较稳定的冷、热、电用户，要求具有环保性能较好的特点等，所以，该模式比较适合应用在大型城市综合体，如医院、博览中心等，燃气冷热电联供方式具有较强适应性，在燃气供应有所保障的情况下，该方式在试点示范应用的基础上预计将有较快的推广。

（2）分布式综合能源站

分布式综合能源站是一种建在用户端的能源供应方式，可独立运行，也可并网运行，是以资源、环境效益最大化确定方式和容量的系统。它将用户多种能源需求以及资源配置状况进行系统整合优化，采用需求应对式设计和模块化配置的新型能源系统，是相对于集中供能的分散式供能方式。

分布式综合能源站的优势显著，主要体现在两大方面。第一，与传统的集中式供电相比，这种小型化、分布式的供能方式可以提高能源的综合使用率。第二，分布式能源促进了能源生产和消费的多元化发展，实现多能互补和集成优化，通过综合能量管理策略，有效解决了这些能源在生产与消纳之间的协调问题。

工业园区内分布式综合能源站供能是能源高效利用的有效手段，

综合工业园区用能需求、余热余压、燃气地热等特点，针对性发展园区分布式能源站，将有效提高系统能效。工业园区内分布式综合能源站体系架构如图 2-16 所示。

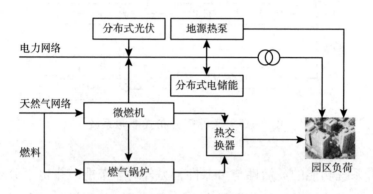

图 2-16   工业园区内分布式综合能源站体系架构

（3）电能替代供冷供热能源站

电能替代供冷供热项目采用蓄热电锅炉、蓄冷机组、空气源热泵、地源热泵、电采暖等技术，根据项目负荷需求、技术可行性、投资强度进行自由组合。在商场、写字楼、高档住宅、学校等，电能替代分布式能源系统供能优势较为明显，结合地区实际选择相应的热泵与蓄能方式，能较好地适应节能降碳发展需求。

空气源热泵。空气源热泵系统以电能为驱动能源，同时具备供冷和供热的能力，技术成熟，应用广泛，能源持久稳定，相比燃气锅炉供暖系统，供热时不会出现断供或能源价格飙升的风险。空气源热泵系统利用了空气中的能量，热泵机组能效比在 2～3.5 之间，供热时相比电锅炉（能效比小于 1）和燃气锅炉，能源利用率提高，大大降低运行成本。

地源热泵系统。地源热泵系统是采用输入少量的高位能（如电能），实现从浅层地能（土壤热能、地下水中的低位热能或地表水中的低位热能）向高位热能转移的热泵空调系统，可根据浅层地热能的来源分为地表水源热泵系统、地下水源热泵系统和土壤耦合热泵系统三种。

2. 综合能源站发展对电网的影响分析

（1）综合能源站基本构成及运行机理

综合能源站内部有多种能源耦合设备，包括燃气轮机、燃气锅炉、电制冷机、地源热泵、吸收式制冷机等。相较于传统冷热电分开供应的模式，综合能源站是以电、天然气等为能源，通过内部可再生能源发电设备、可控冷热电联供设备等的相互协调运行，来响应用户供电、供冷、供热的综合能源需求。综合能源站结构如图2-17所示。

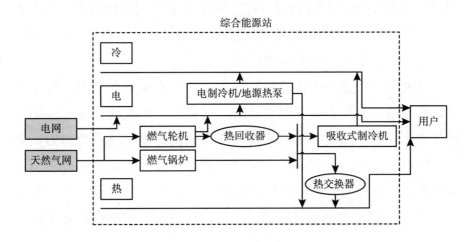

图 2-17 综合能源站结构

以天然气为主的综合能源站。燃气轮机和燃气锅炉燃烧天然气，产生三种能量，包括电能、高温烟气的余热、高温水的余热。其中，电能可用于发电；高温烟气的余热可作为烟气热水型非电空调机组的高发热源直接供冷供热；高温水的余热的用途为，夏季可通过制冷机组的低发热源进行制冷；冬季可通过换热器为供暖水系统提供热量。当制冷制热量不足时，可启动地源热泵、电制冷机等。由上述可知，以天然气为主的综合能源站在空调供应方面改变原有单一靠电的供能方式，变为天然气发电余热、电制冷、蓄能、天然气直接燃烧制冷制热等多种方式相结合；电力供应方面增加了一套自发电系统，在特殊情况下可以保证能源站及其他部分重要负荷供电。综合能源站的这一多能互补特性能够提高综合能效，加速电能替代过程。

以电为主的综合能源站。站内包括基载冷水机组、蓄冷冷水机组、电热水锅炉、风冷热泵机组等。综合能源站在夜间使用低谷电进行制冷或制热，白天优先释放蓄水箱中储存的冷、热量，为区域提供冷源或热源，无法满足时再开启高效制冷机组和风冷热泵进行补充。因此，以电为主的综合能源站可减少在白天高峰时段的制冷、制热机组的开启，达到"削峰填谷"的作用，能源利用效率提升。

（2）综合能源站对电网的影响

电网的电力负荷峰谷差明显减小。综合能源站在电力系统处于负荷低谷或风电及光伏发电充足时，充分利用电价低谷或系统超出的发电出力进行储能，在负荷高峰或高电价时段储能系统出力，最大限度达到冷热电负荷的动态平衡。因此，综合能源站系统在满足区域供电需求的同时，以削峰填谷方式与电网互补运行，配合电网削峰填谷，减小电网的电力负荷峰谷差，提高电网系统整体利用效率。

电力需求较传统供电模式存在不确定性。不同的综合能源系统，其电力需求存在不确定性。在综合体燃气三联供系统中，电力需求较传统供电模式显著减少，以热（冷）定电后，电力系统对供电需求进行补充，系统电量、负荷均有不同程度的减少，供电可靠性要求有所降低。在电能替代式分布式能源系统中，能源终端整体电气化比重提升，电量需求增大，但由于热泵、蓄能多能互补动态调节，电力负荷更加平抑，峰谷差减小，电量负荷的新增也较纯粹的电锅炉、电制冷新增负荷小，同时，该模式下用户对供电依赖程度更高，系统供电可靠性要求愈发提升。在工业园区内分布式综合能源站供能系统中，余热余压综合利用能在一定程度上减少供电需求，但整体工业产业终端能源电能利用占比提升，电力需求整体增大，负荷峰谷差有所减少，同时系统备容需求仍维持在较高水平。

综合能源站模式下供电系统能效更加优化、电网更加安全可靠、电网负荷更加均衡。一是能效更加优化。综合能源站的多元互补能够有效削峰平谷、平滑负荷曲线，降低峰荷时输配电通道阻塞，提高资产利用效率。二是电网更加安全可靠。综合能源站通过多能互补、集成优化，提高能源供需协调能力，丰富电网调峰手段，提高电网安全性。通过分布式电源和储能等，为站内设备提供独立辅助电源，极端情况下可作为黑启动点为大电网提供"星星之火"，增强电网自愈能力。三是电网负荷更加均衡。峰期可通过"冷热电联供"削减原本需要用电制冷、制热的电负荷，实现区块内削峰；通过分布式电源和储能，承担部分大电网峰荷。谷期可通过储能等方式增加谷期负荷，控制电动汽车充电，引导并优化用能行为习惯。

综合能源站对电网规划产生较大影响。综合能源站在不同的运行策略下会有不同的用电量需求，配电网规划要求满足待规划区域内的用电负荷需求，综合能源站用电需求的不确定性必然会对配电网规划产生重大影响，如变电站容量需求的不确定，进而直接影响未来配电网结构、供电可靠性和运行经济性。

3.基于综合能源站的变电站规划探索

河北廊坊高新技术产业开发区（以下简称"高新区"）范围为安次区的码头镇、葛渔城镇、调河头乡三个乡镇全域，高新区内的集中建设区为北至京台高速、南至葛马新线、西至调河头镇区以西、东至葛渔城镇区，包括高新区园区范围及三乡镇镇区范围，面积约

75.1平方公里。集中建设区内现状年负荷为43.21兆瓦，现状年区域内无变电站，主要由周边2座110千伏变电站为其供电。根据负荷预测结果，至远景年该区域内负荷可达到523.16兆瓦。

（1）考虑综合能源站的变电站规划方案

考虑高新区的集中建设区内采用综合能源站供电，综合能源站包括以用电为主的能源站和以用天然气为主的能源站。规划7个以天然气为主的能源站，4个以用电为主的能源站。该规划区域为新建区域，无能源站分布。将3×50兆伏安、2×50兆伏安这两种容量类型的变电站作为待选变电站。

不考虑综合能源站用电负荷不确定性的变电站规划结果。综合能源站用电需求区间满足正态分布，不考虑综合能源站用电负荷的不确定性（取置信水平为100%）得到的规划结果如下：能源站用电需求及其他负荷用电需求总和为312.64兆瓦，需要新建变电站4座，其中，3座容量为3×50兆伏安，1座为2×50兆伏安。满足区域内冷、热、电负荷需求所需的变电站总容量为550兆伏安。

考虑综合能源站用电负荷不确定性的变电站规划结果。考虑综合能源站用电负荷的不确定性进行变电站规划并且置信水平设置为95%时，能源站用电需求及其他负荷用电需求总和为259.84兆瓦，为满足规划区域内的负荷需求，需要新建变电站3座，变电站的容量均为3×50兆伏安，为此，满足冷、热、电负荷需求所需变电站的总容量为450兆伏安。

考虑综合能源站用电负荷的不确定性进行变电站规划并且置信水平设置为85%时，能源站用电需求及其他负荷用电需求总和为230.03兆瓦，为满足规划区域内的负荷需求，需要新建变电站3座，其中2座变电站的容量为3×50兆伏安，1座变电站容量为2×50兆伏安，为此，满足冷、热、电负荷需求所需要的变电站的总容量为400兆伏安。

（2）与传统规划方案对比分析

考虑综合能源站用电负荷的不确定性情况下的变电站规划结果的对比如表 2-3 所示。

表 2-3　配电网变电站的规划结果对比

置信水平（%）	变电站座数（座）	变电站总容量（兆伏安）
100	4	550
95	3	450
85	3	400

相比于确定性的变电站规划，考虑综合能源站用电负荷不确定性且设置置信水平为 95% 时，变电站规划的总容量减少了 100 兆伏安，总投资减少了 18.80%；设置置信水平为 85% 时，变电站规划的总容量减少了 150 兆伏安，总投资减少了 27.07%。为此，随着变电站带负荷能力约束置信水平的增加，变电站规划的可靠性会提升，但是变电站规划的投资费用会大幅增加。为此，在考虑综合能源站用电负荷的不确定性进行变电站规划时，需要在可靠性与经济性之间进行权衡，进而选择合适的置信水平。

4. 河北省综合能源站发展建议

（1）强化规划引领，提供有效的上位规划支撑

综合能源系统是实现碳达峰和碳中和的重要手段。传统的能源站、充电站、变电站等均单独建设，浪费土地资源，且能源站运行经济性较差。通过资源整合和高效利用，可以提升能源的综合利用效率，大幅降低能耗，促进节能减排。而传统意义上的能源规划往往是对各种能源进行独立规划，没有从大系统角度考虑，如园区规划时，电力、燃气、供暖通常独立规划，以致后期开展多能供应和优化时无法达到最优状态。因此，科学合理的综合能源规划非常重要，好的规划既能规避综合能源空间布局的"无所适从"，又能化解建设阶段立

项、报建时的"无能为力"，还能使能源站在投产后"无忧无虑"地良性发展。

（2）凝聚行业力量，打造典型示范项目

技术与商业模式方面，针对天然气冷热电三联供、蓄冷蓄热、分布式光伏等较为成熟的技术，以及合同能源管理、节能综合服务等商业模式，积极开展市场推广，推动共性关键技术与商业模式创新研究，提升项目盈利能力；示范项目方面，可重点聚焦医院、高校、办公楼宇、产业园区等典型应用场景，高标准谋划一批能够切实服务用户降本增效、具有广阔经济社会效益的综合能源服务典型项目，在行业内形成可借鉴、可复制的解决方案。

（3）严控建设风险，实施可持续发展策略

确定区域能源站能源形式比例的基本原则包括：经济技术合理；满足政策法规要求及节能环保要求；因地制宜，顺应当地的发展。针对某新建园区，应从区域能源系统设计最优化出发，同时要充分考虑区域用能的阶段性需求，整体规划，分步建设实施。针对已建成园区，要从提升能源利用效率，增加供能可靠性出发，分别论证综合能源服务项目的可行性，成熟一个实施一个。园区综合能源服务影响大，投资大，同时回收周期长，参与方多，关系复杂，协调工作量较大，有一定的投资风险，在实施前必须反复论证，控制风险。

第三章 推进能源供给革命
构建多元互补格局

加快构建能源供给新体系是保障国家能源安全和实现"双碳"目标的重要基础,2016年12月,国家发展改革委和国家能源局印发的《能源生产和消费革命战略(2016—2030)》提出,立足资源国情,实施能源供给侧结构性改革,推进煤炭转型发展,提高非常规油气规模化开发水平,大力发展非化石能源,完善输配网络和储备系统,优化能源供应结构,形成多轮驱动、安全可持续的能源供应体系。

近年来,我国能源清洁供应保障基础不断夯实,能源配置能力显著提升。进入新发展阶段,能源安全保障进入关键攻坚期,2024年8月,国务院新闻办公室发布《中国的能源转型》白皮书提出,立足基本国情和发展阶段,把握好新能源和传统能源协调平衡,在保障能源可靠供应的同时推动能源转型;大力提升非化石能源的可靠替代能力,发挥化石能源支撑调节作用,加快构建多元清洁、安全韧性的能源供给新体系。河北需要全面推动能源绿色低碳转型,不断增强供应保障能力,加快构建形成"风、水、火、核、储、氢"多能互补的能源格局,实现全省电力供需基本平衡、新型能源产业成为河北现代化建设重要支撑的发展目标。

一 推动可再生能源高质量发展

(一)河北可再生能源发展现状及趋势

近年来,河北可再生能源实现跨越式发展,能源输送和配置能力显著提高。截至2023年底，河北省可再生能源装机规模达9340万千瓦，占电力总装机的63.7%；全年可再生能源发电量1356.1亿千瓦时，占总发电量的37.1%。

"十四五"以来，河北省共批复碳中和示范项目、光伏发电平价上网项目、保障性并网项目、国家第一批大型风电光伏基地项目、市场化并网项目、碳中和示范项目（二期）、电力源网荷储一体化和多能互补试点项目、大型风电光伏基地项目等14个、1.06万千瓦集中式新能源项目，全部投运后河北省风光装机规模将突破1.9亿千瓦。

为进一步发挥分布式光伏和分散式风电在促进工业领域绿色发展全省分布式新能源发展，2024年6月河北省发改委印发《河北省开发区分布式新能源高质量发展推进方案》，计划于2024年启动一批具有丰富屋顶、闲散空地资源和较好电力消纳能力的开发区，开展分布式新能源建设试点，力争新增屋顶分布式光伏和分散式风电装机100万千瓦以上，创新示范工程30个左右；2025年，在第一批试点基础上，力争新增屋顶分布式光伏和分散式风电装机200万千瓦以上，创新示范工程60个左右。2026年，全面推进全省剩余省级以上开发区分布式新能源建设，力争到2030年覆盖率达到90%以上。

1.绿色电力占比显著提高

风电光伏开发持续提速。2023年，河北省新增可再生能源装机2050.8万千瓦，水电、风电、光伏发电、生物质发电和新型储能装机分别新增90万千瓦、344万千瓦、1561万千瓦、26万千瓦和29万千瓦。截至2023年底，河北省可再生能源装机规模达9340万千瓦，其中水电、风电、光伏发电、生物质发电和新型储能装机分别达到484万千瓦、3141万千瓦、5416万千瓦、245万千瓦和54万千瓦，可再生能源装机占全部装机比重为63.7%，较2022年提升5.2个百分点，可再生能源的清洁替代作用日益突显（见图3-1）。

可再生能源发电利用小时数总体平稳。2023年，全省水电利用

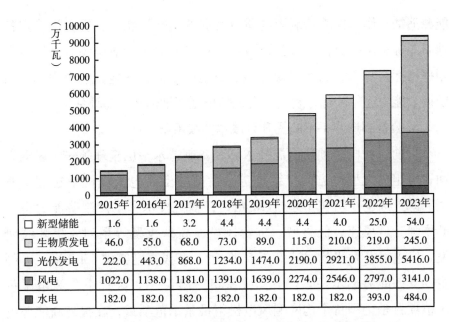

（万千瓦）	2015年	2016年	2017年	2018年	2019年	2020年	2021年	2022年	2023年
□ 新型储能	1.6	1.6	3.2	4.4	4.4	4.4	4.0	25.0	54.0
□ 生物质发电	46.0	55.0	68.0	73.0	89.0	115.0	210.0	219.0	245.0
□ 光伏发电	222.0	443.0	868.0	1234.0	1474.0	2190.0	2921.0	3855.0	5416.0
□ 风电	1022.0	1138.0	1181.0	1391.0	1639.0	2274.0	2546.0	2797.0	3141.0
□ 水电	182.0	182.0	182.0	182.0	182.0	182.0	182.0	393.0	484.0

图3-1 "十三五"以来河北省可再生能源发电装机

小时数为 1230 小时，同比增加 41 小时；风电利用小时数 2243 小时，同比增加 5 小时；光伏发电利用小时数 1344 小时，同比增加 14 小时；生物质发电利用小时数为 4040 小时，同比减少 9 小时。

2. 政策体系逐步完善

2024 年上半年，为加快推动新型能源体系和新型电力系统建设，满足新形势下新能源高质量发展要求，国家能源局等部门陆续印发《关于加强电网调峰储能和智能化调度能力建设的指导意见》《2024 年能源工作指导意见》《关于新形势下配电网高质量发展的指导意见》《关于做好新能源消纳工作 保障新能源高质量发展的通知》等指导性政策，对电力系统调峰能力建设、电网智能化调度、电力市场建设以及新能源可持续发展等方面提出了更高要求。其中，《2024 年能源工作指导意见》指出，要科学优化新能源利用率目标，以消纳责任权重为底线、以合理利用率为上限，推动风电光伏高质量发展；《关于做好新

能源消纳工作 保障新能源高质量发展的通知》指出，要科学确定各地新能源利用率目标，部分资源条件较好的地区可适当放宽新能源利用率目标至90%，为新能源发展留有更多空间；各地新能源规模、系统调节能力逐年变化，利用率目标需根据消纳形势动态评估。

3. 装备制造水平不断提升且成本持续下降

目前，我国多项新能源技术和装备制造水平已全球领先。风电方面，机组向大型化方向持续推进，目前陆上风电主流机型超过7兆瓦、海上风电主流机型超过10兆瓦；整机技术和生产制造能力也不断增强，低风速、低温型、抗台风型、高海拔型等系列风机陆续研发，风电可开发平均风速低于5米/秒、海拔高度突破4500米；电网主动支撑能力逐步探索提升，张家口市康保"以大代小"风电平价示范项目是全国首个构网型风电机组批量示范项目，在提高新能源电网支撑能力、提升区域新能源消纳水平等方面具有创新示范作用。2023年陆上风电平均单位成本降至4500元/千瓦，海上风电平均单位成本在9500~14000元/千瓦区间。光伏发电方面，多晶硅能耗持续下降，晶硅电池转化效率持续提升，组件功率稳步提升，2023年集中式光伏平均单位成本降至3900元/千瓦。

（二）河北可再生能源快速发展带来新挑战

1. 影响电力系统安全稳定运行

一是各级可再生能源规划不够衔接。国家可再生能源发展目标和规划缺乏约束性，一些地方可再生能源开发利用中长期总量目标未严格依照全国总量目标确定，地方规划发展目标超过上级总体目标，建设规模、布局和速度也与上级规划不一致。二是可再生能源开发规划与电网规划缺乏衔接。电网规划建设与可再生能源开发利用不适应，电网建设滞后于可再生能源发展，输电通道不足，且部分输电通道能力未达到设计水平，可再生能源电力输出受阻问题比较明显。灵活性电源比例较小，蓄能电站规划建设较为滞后，影响电网稳定性，不利于可再生能源消纳。

2.可再生能源消纳形势日益严峻

新型电力建设背景下，源网荷储随机波动性使得时空平衡难度增大，制约新能源消纳主要因素由网架弃电转为调峰弃电。考虑已批复新能源项目建设投产时序以及煤电灵活性改造计划、新型储能发展规划等边界条件，预计冀北地区 2025 年、2030 年风光装机分别达到 8640 万千瓦、12300 万千瓦，按照京津唐电网统一平衡控制区测算，京津唐电网新能源利用率分别为 86.76%、71.44%；预计河北南网 2025 年、2030 年风光总装机分别为 5048 千瓦、8510 万千瓦，新能源利用率分别为 93.6%、89.3%。

3.分布式能源快速增长

截至 2023 年底，河北省分布式光伏装机达 2393 万千瓦，居全国第五位。其中，河北南网 2019 年起开始快速增长，2019~2023 年分布式光伏装机增长 1423 万千瓦，2023 年底分布式光伏装机达 1777 万千瓦，占河北南网光伏总装机的 55%。由于分布式光伏大发时段大幅抵消用电负荷且不参与调节，系统调峰困难；特别是春节等特殊时段电网负荷低，与火电保供热要求叠加，调峰形势异常严峻，威胁保供暖安全。2023 年 4 月 8 日，河北南网新能源出力创新高，分布式光伏最大出力 1322 万千瓦，带来巨大运行压力，华北电网调峰支援后才安全度过。同时，随着分布式光伏渗透率逐渐增大，由于国内现行标准未对低电压穿越能力做明确要求，故障下可能出现连锁脱网，电力系统安全稳定运行将面临严峻考验。

（三）河北可再生能源高质量发展相关建议

1.加快培育新技术新业态，保障可再生能源可持续发展

一是加快可再生能源前沿性开发利用技术攻关。以重大工程为依托，推动可再生能源与人工智能、物联网、区块链等新兴技术深度融合，重点开展海上风电机组研制，掌握新一代高效低成本光伏电池制备及产业化生产技术，突破适用于可再生能源灵活制氢的电解水制氢设备关键技术。二是促进可再生能源与电网互动友好性提升，改善新能源发电涉网性能，提高风能、太阳能资源预报准确度和可再生能源发电功率预测精度，提升可再生能源主动支撑能力和适应电力系统扰动的能力。三是完善可再生能源价格形成和补偿机制。完善风电和光伏发电市场化价格形成机制，建立健全绿色能源消费机制，形成充分反映可再生能源环境价值、与传统电源公平竞争的市场机制。

2. 加强电网基础设施建设，提升电网对可再生能源的支撑保障能力

一是统筹规划。坚持"全网统筹、保量稳率"，逐年滚动测算消纳能力，合理安排项目规模、布局与时序，科学设置利用率指标。加强电源项目与电网配套工程协同，开辟新能源接网间隔建设"绿色通道"，深化网上电网、新能源云等推广应用，持续提升线上服务水平。二是加快跨区输电能力建设。坚持大型风光电基地、先进煤电、特高压通道"三位一体"，加快推进特高压"两新两扩"前期和建设工作，做好乌兰布和至京津冀鲁直流落点方案研究，开展张北第二条送电通道可行性分析，协调加快蒙西—京津冀直流配套电源建设进度，提前谋划送电曲线、电量消纳及交易机制，推动签订送受电协议，尽早发挥作用。三是建设网内坚强主网架。完善500千伏电网"四横两纵"结构，优化220千伏多分区供电格局，做好配套送出工程建设及并网工作，统筹电力系统稳定运行必需的惯量、调节和支撑要素，积极开展区域输电规划及项目接入方案研究，推动集中式新能源规模化开发和高效利用。四是推动城乡配电网升级改造。支持有源配电网、分布式智能电网、智能微电网等配电网形态发展，推动配电网规划由负荷主导向源荷双主导转变。五是探索适应分布式能源特征的群调群控模式。依托云平台、大数据、人工智能等数字化手段打造分布式光伏"可观、可测、可调、可控"体系，持续深化"用采主站—集中器"并离网控制和"配电自动化—智能融合终端"可调出力控制技术的研究应用，实现海量分布式资源的全景感知和群调群控。

3. 推进多类型调节资源建设，提升新型电力系统的灵活性

一是挖掘常规电源调节潜力，鼓励多能互补项目通过增加煤电、燃机机组灵活性改造深度，落实配套调峰，构建有效反映各类电源电量价值和容量价值的两部制电价机制，综合考虑本地区电力系统需求、煤电功能转型情况等因素，统筹制定利好政策，按需、按量调整煤电容量电价标准，稳步提升煤电的多维价值与存续发展能力。二是滚动研究抽水蓄能规模与站点布局。加强发展需求论证，密切跟踪抽水蓄能电站建设进展，深化接入方案、运行方式研究，做好并网服务。三是合理确定新型储能发展规模、建设布局、投产时序。研究探索全钒液流电池等不同储能技术路线，鼓励用户侧储能创新开发模式，科学引导电网侧独立储能布局建设，探索完善电网替代型储能应用场景。

二　大力推进煤电清洁灵活性利用

（一）河北煤电发展现状

近年来，河北省发电量呈逐年增长趋势，2023 年达到 3654.2 亿千瓦时，其中火力发电量为 2393 亿千瓦时，约占全年发电量的65.5%。火电装机容量 5571.2 万千瓦，其中，煤电装机容量为4882.4 万千瓦。此外，省内尚有一批煤电项目正在建设中，如黄骅电厂三期 2×660 兆瓦、定州三期 2×660 兆瓦等煤电项目。从发电结构来看，火电仍然扮演着保障电力供应的主力军角色。

以新能源为主的新型电力系统中，高占比的新能源发电随机性、间歇性、波动性对电力系统安全稳定和灵活调节能力提出了严峻挑战。随着煤电容量电价机制的建立，火电机组必将加快由电量型电源向基础性和调节性电源转型，河北省拥有较大规模的火电储备，实施火电灵活性改造时间短、投资少、成效大，是快速提升系统调峰能力的重要手段。随着国家灵活性试点项目和各省灵活性改造项目逐步投运，同时地方政策的有力推动，河北省部分电厂已进行灵活性改造。

（二）河北煤电行业发展趋势

1. 清洁低碳转型

随着可再生能源技术的不断成熟和成本的持续下降，以及环保法规的日益完善，煤电行业将逐步减少煤炭的消费比重，转向更加清洁、低碳的能源形式。

2. 高效灵活性

煤电逐步从电量型电源转向基础保障型和系统调节型电源，利用小时数明显下降。通过引进和应用新技术、新工艺，提高煤电机组的运行效率和灵活性。

3. 智能化发展

用大数据、云计算、人工智能等先进技术，对煤电机组进行智能化改造。通过实时监测、数据分析等手段，优化机组的运行策略和维护计划，提高机组的可靠性和经济性。

（三）煤电深度调峰、灵活性提升和清洁低碳技术趋势

1. 火电深度调峰及灵活性提升技术

（1）纯凝机组深度调峰

从纯凝机组来看，锅炉最低稳燃负荷决定了机组深度调峰的能力，此外锅炉低负荷下主辅机适应性等问题也影响纯凝机组的调峰能

力。在锅炉低负荷稳定燃烧方面，一般需要进行以下工作：燃烧精度细化调整；燃烧器改造；制粉系统改造；煤质掺烧；燃烧监控改造；智能控制等。锅炉最低稳定燃烧负荷与炉型、燃煤品质、辅机配置等诸多因素有关。针对低负荷时 SCR 装置入口烟温偏低会导致脱硝催化剂不能正常运行问题，目前有多种技术方案可提高 SCR 脱硝入口烟温，例如高温烟气旁路、省煤器给水旁路、分级省煤器、热水再循环和智能控制等技术。

（2）热电联产机组热电解耦

热水蓄热调峰技术。蓄热罐内部可同时储存热水和冷水。水温不同，水的密度也不同，在一个足够大的容器中，由于重力原因，密度不同的冷热水自然分层，热水在上，冷水在下，中间形成 1 米左右的过渡层。当热源产热量大于用户用热量时，蓄热罐蓄热，蓄热时热水从上部水管进入，冷水从下部水管排出，过渡层向下移动；当热源产热量小于用户用热量时，蓄热罐放热，放热时热水从上部水管排出，冷水从下部水管进入，过渡层向上移动。罐体中水的质量是保持恒定不变的，而能量是变化的。蓄热罐工作时，应保证其进、出水流量平衡，并在冷、热水液位上下变化时保持过渡层稳定。另外，为避免蓄热罐内的水溶解氧并将这些水带入热网，影响热网循环水水质，蓄热罐内的液面上通常冲入蒸汽或氮气，保持微正压，使蓄热罐内的水与空气隔离。

固体电蓄热锅炉调峰技术。高压固体电蓄热锅炉一般由高压电发热体、高温蓄热体、高温热交换器、热输出控制器、耐高温保温外壳和自动控制系统等组成。高温蓄热体通过高温热交换器，将高温蓄热体储存的高温热能转换为热水输出。高温蓄热体通过热输出控制器与高温热交换器连接，通过调节变频风机的频率，高温热交换器将高温蓄热体储存的热能在 24 小时连续均匀地释放到热网循环水中。同时通过快放功能，可实现 7 小时调峰蓄热，14 小时快速放热或 10 小时快速放热，以适应极端天气温度下的热网调节。

熔盐蓄热技术。熔盐蓄热技术主要以熔盐作为传热蓄热介质，由于熔盐热容量大、适应温度范围广、黏度低、相对密度大，在传热的过程中通过熔盐温度的上升或下降就可以实现热能的储存或释放。当需要参与低负荷调峰时，熔盐电加热器启动，利用多余的发电将由低温熔盐泵从冷盐罐抽出的低温熔盐加热至高温，然后将高温的熔盐储存在热盐罐中，此过程实现了电能向热能的转化。当需要用电或在用电高峰期时，热盐罐顶部的熔盐泵启动，将高温熔盐不断输送到盐水换热器即蒸汽发生器中加热水产生蒸汽，推动蒸汽轮机发电或供暖，此过程实现了热能向电能的转化，而高温熔盐则不断放热变为低温熔盐回到冷盐罐中，完成一次循环。

电极锅炉调峰技术。电极式锅炉是利用水的高热阻特性，采用三相电极直接在锅炉内设定电导率的炉水中放电发热产生热水或蒸汽。在生产热水的过程中，由于出水温度较高，满负荷运行时，运行温度在100℃~185℃之间。为了抑制水的蒸发，须在容器中用氮气加压将压力设定在某个合适的范围内，使水处于液体状态。由于是利用水的电阻性直接进行加热，电能100%转化成热量，基本没有热损失。电极锅炉系统简单，体积小巧，启动迅速，从冷态启动到满负荷只需要几十分钟，从热态到满负荷只需1分钟，单台电极式锅炉的最大功率可达80兆瓦。

低压缸零出力技术。低压缸零出力技术是指在供暖季将汽轮机低压缸进汽全部切除，仅另外引接一股小流量蒸汽对低压缸进行冷却，使低压缸在高真空条件下空转运行，从而提高机组的供热能力。通过切除汽轮机低压缸的大部分进汽，大幅提高机组排供热能力和调峰能力。相比传统抽汽式供热，同样进汽量条件下，机组供热能力提升15%以上。相同供热量条件下，调峰能力提升约18%。

余热回收供热技术。余热回收供热技术包括热泵技术、低真空/

高背压供热技术、双转子高背压技术等。热泵技术是指采用吸收式热泵，抽取采暖蒸汽驱动吸收式热泵回收循环水余热，增强机组供热能力，降低低压缸做功，解决部分由于供热量不足而产生的供需矛盾。低真空/高背压供热技术是指通过降低凝汽器中的真空度，提高汽轮机排汽背压，从而在乏汽温度升高的同时使循环水的温度也有相应的升高，之后将达到高温的循环水传送到用户的供热当中。采用高背压供热技术会使发电效率下降，发电量减少，同时排汽温度上升很多，叶片容易产生颤振，影响安全。为此，在供热期间使用专门设计的级数相对减少的动静叶片，以提高低压转子的效率，使机组高背压运行，非供热期恢复至原纯凝工况运行，这就是双转子高背压技术。余热回收供热技术通常低负荷调峰能力有限，不能独自实现热电解耦，一般仅用来增加供热能力。

　　主蒸汽、再热蒸汽减温减压供热技术。根据采暖供抽汽参数和流量要求，通常可选的蒸汽减温减压供热方案包括：主蒸汽供热方案，即直接从主蒸汽管道抽汽，减温压后用于供热；再热蒸汽供热方案，即直接从再热蒸汽管道抽汽，减温压后用于供热；旁路部分主蒸汽供热方案，即通过旁路部分主蒸汽，降低高压缸的做功份额，从而在相同发电功率下，提高主蒸汽流量，提高机组抽汽能力；高低压旁路联合供热方案，即经高压旁路将部分主蒸汽输至高压缸排汽，从低压旁路抽汽供热。对于高低旁路联合供热方案，影响机组抽汽能力和运行安全性的主要因素为汽轮机轴向推力平衡，高压缸末级叶片运行安全性，高低旁路蒸汽流量匹配，高压缸排汽压力控制，低压缸最小运行方式，再热冷段、蒸汽管道通流能力等。

　　2. 减碳技术

　　针对火电厂排放的 CO_2，考虑到燃料主要由碳、氢、氧三种元素构成，而空气是助燃气体，从燃烧的不同阶段划分，CO_2 捕集技术路线主要可以分为三种：燃烧前捕集、富氧燃烧和燃烧后捕集。

燃烧前捕集技术。燃烧前捕集主要运用于 IGCC（整体煤气化联合循环）系统中，将煤高压富氧气化变成煤气，再经过水煤气变换后产生 CO_2 和氢气（H_2），气体压力和 CO_2 浓度都很高，这样就很容易对 CO_2 进行捕集。剩下的 H_2 可以当作燃料使用。该技术的捕集系统小，能耗低，在效率以及对污染物的控制方面有很大的潜力，然而，IGCC 发电技术面临着投资成本太高、可靠性还有待提高等问题。

富氧燃烧的碳捕集技术。富氧燃烧是在现有电站锅炉系统基础上，用高纯度的氧气与 CO_2 烟气混合代替助燃空气，采用烟气循环调节炉膛内的介质流量和传热特性，在锅炉尾部可获得高浓度的 CO_2 烟气（CO_2 含量$>70\%$），经冷凝压缩后可实现 CO_2 的永久封存或资源化利用，较为容易实现大规模化 CO_2 捕集和减排。富氧燃烧的烟气成分和空气燃烧的烟气成分有很大区别，富氧燃烧的烟气成分主要是 CO_2 和 H_2O，CO_2 浓度在 70% 左右，从而为烟气中的 CO_2 捕集提供良好条件；除此之外，富氧燃烧助燃剂中没有 N_2，烟气中 NO_x 明显比空气助燃的要少，减少了 NO_x 的生成，起到节能减排的作用。

燃烧后的碳捕集技术。燃烧后碳捕集即在燃烧排放的烟气中捕集 CO_2，目前常用的 CO_2 分离技术主要有化学吸收法（利用酸碱性吸收）和物理吸收法（变温或变压吸附）。此外还有膜分离法，该技术正处于发展阶段，却是公认的在能耗和设备紧凑性方面具有非常大潜力的技术。目前燃煤机组应用最多的碳捕集技术是燃烧后碳捕集。捕集的 CO_2 可用于生产尿素、甲醇、合成气、醋酸、食品二氧化碳等，同时还有其他较为广泛的工业用途：可作为铸造添加剂、金属冶炼稳定剂、陶瓷固定剂、食品添加剂、消防灭火剂等。

3. 掺氨燃烧技术

燃煤电站锅炉是我国主要的碳排放源之一，使用其他清洁能源替换现有煤炭及传统化石能源是最有效、最直接的碳减排方式。掺氨燃烧技术是利用氨气替代部分煤粉，与煤粉共同燃烧，从而降低碳排放的一种技术。

关于锅炉掺氨，目前有两种技术路线，第一种是煤掺氨燃烧器技术，第二种是纯氨燃烧器技术。

煤掺氨燃烧器在运行过程中能够利用煤粉挥发分中的氢气和一氧化碳等气体来助燃，提高氨气的燃烧性能。但是氨-煤混烧过程中，氨和煤粉颗粒可能会发生抢氧反应，造成未燃尽碳增加的风险。纯氨燃烧器技术，通过控制燃烧器的位置分布，可以有效调控氨与煤粉颗粒的抢氧反应，并且更加容易实现锅炉的深度空气分级燃烧，从而达到低 NO_x 排放的目的。

未来锅炉掺氨技术的具体技术路线是，在火电厂的锅炉上安装纯氨燃烧器或者煤掺氨燃烧器。在锅炉运行的过程中，有四种运行模式：第一种是纯煤燃烧器与纯氨燃烧器同时运行；第二种是纯煤燃烧器与煤掺氨燃烧器同时运行；第三种是纯煤燃烧器、纯氨燃烧器和煤掺氨燃烧器三种燃烧器同时运行；第四种是只有纯氨燃烧器运行。在第四种运行模式下，电厂实现零碳排放。目前来看，前三种运行模式适合于近中期的碳减排策略，第四种适合于中远期。

锅炉掺氨改造根据掺氨比例的不同，改造方式也会有所不同，通过国内目前的掺氨示范可知，在掺氨 0~30% 的范围内，锅炉的换热结构几乎无须改动即可满足要求，对锅炉本体的改造主要集中在燃烧器的加装，包括主燃区的煤掺氨燃烧器和还原区的纯氨燃烧器。锅炉掺氨比例超过 30% 时，相比于纯煤燃烧，氨煤混烧时产生的辐射换热降低，而对流换热增加，因此末过和末再等位置的换热器容量需要进行适当的增加。

（四）河北煤电清洁低碳发展相关建议

煤电清洁低碳发展是新型电力系统大发展的必要途径，可通过深度调峰及灵活性提升、减少碳排放等多种技术，实现煤电向基础保证性和系统调节性电源并重转型的发展目标。一是提高能源利用效率：通过技术改造和升级，提高煤电机组的能效水平，减少能源消耗和排放。二是加强技术研发与应用：加大对煤电清洁低碳技术的研发投入，支持高效燃烧、污染物控制、碳捕集利用与封存（CCUS）等关键技术的研发与应用。三是推广先进适用技术：积极引进和推广国内外先进的煤电清洁低碳技术，如低氮燃烧技术、烟气脱硫脱硝技术等，提高煤电行业的环保水平。四是完善政策体系：制定和实施相关政策，出台支持煤电清洁低碳发展的政策措施，如财政补贴、税收优惠、绿色信贷等，降低煤电企业转型成本。五是建立市场机制：完善碳排放权交易市场建设，通过市场机制激励煤电企业减少碳排放。同时，建立健全绿色电力证书制度，促进可再生能源消纳。

三　积极安全有序发展核电

（一）河北推进核电建设的必要性

核电是一种安全、可靠、清洁、经济的能源。在全世界范围内，核电由于具备资源消耗少、环境影响小和供应能力强等优点，成为与火电、水电并列的世界三大电力供应支柱，在世界能源结构中有着重要的地位。从清洁性来看，核电在发电过程中不产生温室气体，对环境的影响相对较小。与化石燃料相比，核电的碳排放量极低，有助于减少对环境的污染。从稳定性来看，核电的发电量稳定，可以提供可靠的电力供应。核电机组的年发电利用小时数常年保持在7000小时以上，位居所有电源之首。相较于风能、太阳能等可再生能源，核电的发电量受天气、地区等外部因素的影响较小。从经济性来看，虽然核电的初始投资成本较高，但长期运营成本较低。在运营过程中，核电的燃料费用较低，且不受国际燃料市场价格波动的影响。从可持续性来看，核电是一种可持续发展的能源形式。在未来的能源结构中，核电将成为实现低碳、可持续发展目标的重要手段之一。通过发展核电，可以减少对化石燃料的依赖，降低温室气体排放，从而有助于保护环境、改善气候变化等问题。从自主性来看，我国核电发展在技术上实现了全面跨越，在工程建设和安全运行方面具有较高水平，在多元化综合利用方面有质的蜕变，充分展现了核电发展的自主性和创新能力。从战略性来看，核电作为一种战略性资源，对于保障国家能源安全具有重要意义。在能源供应紧张的时期，核电可以提供稳定的电力供应，为国家和区域经济发展提供有力保障。

河北省能源资源匮乏，其煤炭消费量大、人均水力资源储量低，一次能源的产量远远满足不了省内生产耗能的需要，需大量从省外调入。河北建设核电符合国家能源政策，能够优化电源结构，缓解减排压力，保障河北实现可持续发展。

（二）河北核电发展的重点关注方向

1. 三代核电示范工程即小型模块化反应堆

我国在陆上小型模块化反应堆部署方面领先全球，工程建设进展良好。我国的"玲龙一号"反应堆是全球首个通过国际原子能机构官方审查的三代轻水小型模块化核反应堆，也是全球首个陆上商用小型模块化核反应堆，"玲龙一号"于2021年7月开工建设，单台机组容量为125兆瓦，为全球首个陆上商用模块化小堆。

与电功率百万千瓦级的三代大型反应堆"华龙一号"相比，电功率仅12.5万千瓦的"玲龙一号"除了可以发电以外，还可实现核能的多用途，比如城市供热和制冷、工业供汽、海水淡化、稠油开采等。"玲龙一号"具有一体化反应堆技术、高效直流蒸汽发生器技术、屏蔽主泵技术、固有安全加非能动安全技术、模块化技术等技术特征；具有技术先进及成熟、多用途、部署灵活、设备成熟度高、工程可实施性好等突出优势，适用于多种场景的能源供应，具有大型核电机组无法取代的功能。

2. 低温常压核能供暖

2017年12月5日，国家发改委、国家能源局会同财政部、环保部、住建部等10部委联合印发《北方地区冬季清洁取暖规划（2017—2021年）》，提出"加强清洁供暖科技创新，研究探索核能供暖，推动现役核电机组向周边供暖，安全发展低温泳池堆供暖示范"。2018年11月13日，生态环境部核电安全监管司发布《小型核动力厂非居住区和规划限制区划分原则与要求（征求意见稿）》，规定非居住区一般可与核设施的厂区边界范围一致，距反应堆一般不小于100米。规划限制区边界与反应堆距离一般不小于1千米。距反应堆2千米范围内不应有人口1万人以上的集中居住区。

目前核能供暖的主要形式是核电厂供暖与低温核供热。核电厂供暖即抽取部分发电后的蒸汽作为热源产生高温水，再经过一系列的换热后通过热网将热量送给终端的用户取暖；低温核供热的原理是利用低温的核反应堆产生的热量，直接经过换热去供暖，没有发电的过程。通过供暖的原理可以得知，核供热系统与用户之间的几个回路是相互独立的。在换热过程中，只有热量的传递，不存在水的交换，所以不会有任何放射性物质进入用户暖气管道。核能供热建设初期，投资远高于同规模燃煤锅炉，但建成后运行成本远低于燃煤锅炉，核能供热每年核燃料的运输量约为煤量的十万分之一，且使用寿命可达60~80年，是燃煤锅炉的3~4倍。

3. 耐事故燃料开发

由于放射性物质主要保存在燃料元件内部，要从设计上实际消除大量放射性物质释放，最佳选择是将事故序列中止在燃料元件破损之前。现有的三代核电主要在安全系统的改进上提升核电站的安全性，核电燃料发展新概念——耐事故燃料（Accident Tolerant Fuel）提供更长的事故应对时间，缓解事故后果，在尽量不降低经济性的前提下提高核电站安全性，特别体现在燃料的事故安全性能上。主要表现为降低堆芯（燃料）熔化的风险，缓解或消除锆水反应导致的氢爆风险，提高事故下裂变产物的包容能力，进而从根本上提升核电站的安全性，简化核电站的系统，提高核燃料的燃耗，降低核燃料的费用，提高核电站的可利用率，这样有利于进一步提高核电的经济性。

4. 钍基熔盐堆技术探索

钍基熔盐堆核能系统项目是以钍作为核燃料、以复合型氟化盐作为冷却剂的第四代反应堆核能系统，拥有更高安全性、核废料少、防扩散性能和经济性更好等诸多优势。熔盐堆输出温度可达 700℃ 以上，既可用于发电，也可用于工业热应用、高温制氢以及氢吸收二氧化碳制甲醇等，能量利用效率高达 45%~50%，放射性废物半衰期大大缩短，无核扩散风险，可实现核能综合利用。

钍基熔盐堆具有重大的现实意义。核电由于需要大量的水来冷却，因此目前全球核电设施主要修建在沿海地区和内陆沿江河湖畔。熔盐堆由于采用无水冷却技术，只需少量的水即可运行，适用于干旱地区。因此，在内陆修建核电站成为可能。

（三）河北核电建设发展相关建议

确保安全有序。制定和实施严格的安全标准和程序，在核电站的选址、设计、施工、运行、退役、核物料处理等环节实行严格的管理，以防止任何事故的发生，做到万无一失。

探索综合利用。核电站的建设应与当地经济发展紧密结合，发挥核电站的综合功能，实现综合利用。比如推动核能在核能发电、清洁取暖、工业供热（冷）、海水淡化、核能制氢等领域的综合利用，实现核能的全面多元运用。

促进公众参与。加强公众对核电的认知和参与，通过开展科普活动，公开透明披露信息，让公众了解核电的优点和风险，打消部分群众"谈核色变"的忧虑心理，提高公众对核电发展的理解和支持，为核电的发展营造良好的社会氛围。

四 提升储能灵活调节能力

（一）储能品种特征

抽水蓄能电站具有快速灵活、运行可靠、经济环保等优势，是目前技术最成熟、应用最广泛的大型储能设施，在储能技术中占据不可替代的位置。抽水蓄能机组启动时间短、调节速率快，能够有效平抑新能源发电的波动性、随机性，促进新能源大规模开发利用，可以在用电宽松时段储能、在负荷尖峰时段发电，有效保障电力有序供应，能够显著增强电力系统抵御重大风险的能力，提高电力系统整体运行效率和经济效益。

新型储能是除抽水蓄能电站之外以输出电力为主要形式，并对外提供服务的储能类型。从电力系统运行作用来看，在负荷高峰时段，新型储能可满足用户负荷尖峰需求，提升系统运行效率。在负荷快速波动时段，可跟踪系统调度指令快速充放电，提升系统运行的稳定性。在风电、光伏等电力占比较高的系统中，储能还可作为虚拟同步机向系统释放虚拟惯量，提升系统抗干扰能力。相比天然气调峰电站、抽水蓄能电站等传统灵活性资源，以电化学储能为代表的新型储能技术具有建设周期短、响应速度快、调节精度高等优点，是电力系统理想的调节手段（见表3-1）。

表 3-1 主要储能类型及其优劣势

储能类型		响应时间	综合效率	主要适用领域	优势	劣势
物理储能	抽水蓄能	分钟	75%	容量型,适用电能质量、调峰	技术成熟、度电成本低	选址受限、开发周期长
	压缩空气储能	分钟	40%~65%	容量型,适用调峰填谷、备用	占地少,容量大,成本低	效率较低,响应慢,选址受限
	飞轮储能	秒	80%~90%	功率型,适用调频	场地要求低,运行维护成本低,能量密度高	能量释放时间短,成本高,自放电率高
电化学储能	全钒液流电池	毫秒	65%~75%	容量型,适用电能质量、可再生储能、调峰	安全性高,循环寿命长,能量与功率分开控制	能量密度低,运维成本高
	钠硫电池	毫秒	70%~90%	容量型,适用电能质量、可再生储能	储能密度高,规模化应用	工作温度要求高,运维成本高
	铅炭电池	秒	60%~70%	容量型,适用电能质量、可再生储能	性价比高,可靠性强,技术成熟	寿命短,比能量和比功率低,污染严重
	锂离子电池	秒	85%~95%	能量型,适用电能质量、可再生储能、调峰、调频	比功率和比能量高,自放电小,单体电压高	成本较高,一致性差,循环寿命较低
	钠离子电池	毫秒	85%~95%	能量型,适用电能质量、可再生储能、调峰、调频	响应速度快,储能安全性好,高低温性能稳定	能量密度不及锂电池,循环次数少

续表

储能类型		响应时间	综合效率	主要适用领域	优势	劣势
电气储能	超级电容	毫秒	90%~95%	功率型,适用调频	极其稳定,超快充放电	能量比和密度比低
	超导储能	毫秒	95%以上	功率型,适用调频	极低能量损耗	储能时间短,条件苛刻

（二）我国储能参与电力市场的主要模式

参与电力市场是储能最为常见的商业模式，我国已通过发布相关指导意见确定储能电站的独立市场主体地位，允许储能电站公平参与各类细分市场，并逐步完善市场机制，制订体现各类资源价值的按效果付费补偿机制，为储能电站与其他资源公平同台竞价提供制度保障。总体来看，储能电站参与电力市场的类型主要包括电能量市场、辅助服务市场以及容量市场等，参与市场的主要模式见表3-2。

表 3-2　储能参与电力市场的主要模式

市场模式	类型	定义
电能量	中长期	发电企业、电力用户、售电公司等市场主体,通过双边协商、集中交易等市场化方式,开展的多年、年、季、月、周、多日等电力批发交易
	现货	主要开展日前、日内、实时的电能量交易。新型储能作为独立市场主体,可按照自计划方式参与市场申报、优化出清,按照市场出清价格进行结算
容量	—	经济激励,使新型储能获得电能量市场和辅助服务市场外的稳定收入,以鼓励市场主体的投资建设

续表

市场模式	类型	定义
有功平衡辅助服务	一次调频	当电力系统频率偏离目标频率时,常规机组通过调速系统的自动反应、新能源和储能等并网主体通过快速频率响应,调整有功出力减少频率偏差所提供的服务
	二次调频	并网主体通过自动功率控制技术,包括自动发电控制(AGC)、自动功率控制(APC)等,跟踪电力调度机构下达的指令,按照一定调节速率实时调整发用电功率,以满足电力系统频率、联络线功率控制要求的服务
	基本调峰	发电机组在规定的出力调整范围内,为了跟踪负荷的峰谷变化而有计划地、按照一定调节速度进行的发电机组出力调整所提供的服务
	有偿调峰	以电网调峰为目的,发电侧并网主体按电力调度指令超过基本调峰范围进行的深度调峰,以及发电机组启停机调峰(指以电网调峰为目的安排的机组在停机72小时内再度启动发电或启动72小时内再度停机备用的调峰方式)所提供的服务
有功平衡辅助服务	备用	保证电力系统可靠供电,在调度需求指令下,并网主体通过预留调节能力,并在规定的时间内响应调度指令所提供的服务
	转动惯量	在系统经受扰动时,并网主体根据自身惯量特性提供响应系统频率变化率的快速正阻尼,阻止系统频率突变所提供的服务
	爬坡	为应对可再生能源发电波动等不确定因素带来的系统净负荷短时大幅变化,具备较强负荷调节速率的并网主体根据调度指令调整出力,以维持系统功率平衡所提供的服务
无功平衡辅助服务	自动电压控制	利用计算机系统、通信网络和可调控设备,根据电网实时运行工况在线计算控制策略,自动闭环控制无功和电压调节设备,以实现合理的无功电压分布
	调相运行	指发电机不发出有功功率,只向电网输送感性无功功率的运行状态,起到调节系统无功、维持系统电压水平的作用

续表

市场模式	类型	定义
事故应急及 恢复服务	稳定切机 服务	电力系统发生故障时，稳控装置正确动作后，发电机组自动与电网解列所提供的服务
	稳定切负荷 服务	指电网发生故障时，安全自动装置正确动作切除部分用户负荷，用户在规定响应时间及条件下以损失负荷来确保电力系统安全稳定所提供的服务
	黑启动服务	电力系统大面积停电后，在无外界电源支持的情况下，由具备自启动能力发电机组或抽水蓄能、新型储能等所提供的恢复系统供电的服务

储能电站的收益渠道逐步扩展，主要包括现货价差套利、容量租赁、容量补偿、调峰收益和调频收益等模式，截至 2023 年底，山东省独立储能电站获得收入的渠道包括电能量现货市场、辅助服务市场和容量租赁，山西、青海等省区储能主要通过辅助服务市场获利，后续收益渠道将增加。同时，储能可参与的辅助服务品种也在逐渐增加，如山西允许储能参与一次调频市场，西北地区正在建设调峰容量市场等。整体来看，我国储能交易市场化程度逐步加深，未来储能将进一步作为市场主体，充分发挥其灵活性和系统价值，强化市场配置资源的作用。

（三）河北储能机制演进

河北正在逐步完善新型储能各项相关规则，构建一个提升储能系统质量、规范储能系统建设、引导储能技术进步、促进储能产业健康发展的良性生态环境，充分发挥储能在"双碳"目标实施路径上的重要作用。

2020 年 10 月，华北能源监管局印发《关于征求第三方独立主体参与河北南网电力调峰辅助服务市场方案与规则意见的函》，拟在河北南部电网开展第三方独立主体参与电力调峰辅助服务市场试点，提升风电、光伏发电等新能源消纳空间。文件明确第三方独立主体包括储能装置、电动汽车（充电桩）、电采暖等负荷资源，可按照经营主体独立参与市场，也可通过聚合的方式，由聚合商代理参与市场，虚拟电厂作为第三方独立主体参与市场。其中，第三方独立主体约定时段调节容量不小于2兆瓦，调节总量不低于2兆瓦时。

2021年10月，华北能源监管局印发《河北南网电力调峰辅助服务市场运营规则》，进一步明确了储能装置、电动汽车（充电桩）、电采暖以及其他电力柔性负荷资源等第三方独立主体可按照经营主体独立参与市场；也可通过聚合的方式，由聚合商代理参与市场。

2022年10月，河北南网首个纳入调度的新能源配套储能项目——河北衡丰电厂中湖光伏电站配套建设的2.2兆瓦、2小时电化学储能项目完成72小时满功率试运行，转入正式运行，标志着河北南网"新能源+储能"进入了实用化阶段。

2022年6月印发的《河北南部电网现货电能量市场交易实施细则（征求意见稿）》，将独立储能列入了现货市场成员。明确在竞价日9：45前，独立储能等新兴市场主体通过电力交易平台完成运行日电能量市场或调频辅助服务市场交易申报。参与电能量市场时，独立储能等新兴市场主体申报次日96点充/放电（发/用电）曲线、不申报价格，作为市场价格接受者，参与日前现货市场出清。如未申报，则全天按零出清。同期印发的《河北南部电网辅助服务市场交易实施细则（征求意见稿）》，明确了参与调频市场的独立储能充电功率不应低于10兆瓦，持续充电时间不应低于2小时；独立储能、虚拟电厂等新兴市场主体需申报参与调频服务价格、意愿时段和调频出力基值。独立储能、虚拟电厂等新兴市场主体如未申报，视为不参与次日调频市场交易。

2022年12月23日，河北南部电网正式启动多市场主体参与的电力现货市场模拟试运行。2023 年 9 月 18 日，河北南部电网电力现货市场为期 6 天的首次结算试运行结束。发电侧以燃煤火电机组和集中式新能源场站为主，用户侧主要为区域内售电公司及批发用户，储能暂未参与市场。

2023 年 10 月 31 日印发的《2024 年河北南部电网独立储能参与电力中长期交易方案》提到，独立储能主体建成并网完成市场注册后，即可开展容量租赁，最大可出租年限暂定为 15 年。此外，独立储能主体参与市场化交易最大充放电功率不低于 10 兆瓦，调节容量不低于 20 兆瓦时，持续充（放）电时间不低于 2 小时。独立储能容量租赁交易包括双边协商交易、集中交易等方式，通过河北电力交易平台开展，需配建储能的新能源企业为购方。

2024 年 1 月 27 日印发《河北省发展和改革委员会关于制定支持独立储能发展先行先试电价政策有关事项的通知》。一是明确独立储能容量电费补偿标准。容量不低于 10 万千瓦、满功率放电时长不低于 4 小时、在 2024 年 12 月 31 日前并网发电的独立储能，根据全容量并网时间，可通过竞争方式获得 50～100 元/千瓦·年不等的容量电费。二是明确独立储能容量电费分摊方式，将容量电费纳入系统运行费，由全体工商业用户按月分摊。三是明确独立储能参与竞争的容量规模。独立储能容量电费为临时性支持政策，有效期为 12 个月。2024 年河北南网参与容量电价竞争的独立储能容量规模为 300 万千瓦、冀北电网为 270 万千瓦。四是明确独立储能充放电价格政策。独立储能电站向电网送电的，其相应充电电量不承担输配电价、系统运行费用和政府性基金及附加，不执行功率因数考核，按规定承担上网环节线损费用。五是明确独立储能商业运营后入市要求。进入现货市场前，独立储能充、放电原则上分别作为发电和用电市场主体参与中长期交易；进入电力现货市场后，独立储能电站用电和上网电价按照现货市场规则结算。

（四）河北储能发展面临的形势

河北省安全高效推进抽水蓄能电站建设，截至 2023 年底，河北省在运、在建抽水蓄能分别达 427 万千瓦、1320 万千瓦，同时申请赤城白河、崇礼常峪口等抽水蓄能项目列入国家规划重点实施项目，预计 2035 年全省抽水蓄能总规模将达 3000 万千瓦左右，居全国第一。由于抽水蓄能电站的建设成本较高，而且没有明确的成本分摊和回收机制，其投资回收周期过长，影响了其投资吸引力和经济效益。

河北新型储能发展速度不断加快，根据河北省发改委印发的《河北省"十四五"新型储能发展规划》，预计到 2025 年全省将布局建设新型储能规模 400 万千瓦以上，新型储能发展主要面临以下挑战。一是装机容量仍然偏少。相对新能源装机规模，全国新型储能装机仅相当于风光装机的 2.98%、分布式光伏装机的 12.56%。二是项目盈利仍依赖容量租赁收益。按照 2024 年一季度储能 EPC 中标均价约 1.20 元/瓦时、平均峰谷价差 0.63 元/千瓦时、不考虑资金成本测算，储能电站在峰谷价差套利模式下（一般为工商业储能），约 11 年才能收回成本；在仅消纳弃风弃光电量模式下（如新能源配储），最大收益 0.3644 元/瓦时，一充一放模式下 11 年内仅能收回成本的 50.69%。三是涉网性能标准及监督滞后。现行国家标准主要关注有功、无功控制，对调频、惯量响应等技术指标要求较少，涉网性能试验和技术监督机制仍有待完善。

（五）河北储能发展相关建议

储能调度运行机制方面。一是针对电力现货市场深化建设阶段，可考虑采取报价模式，新型储能项目公平参与市场交易。该模式主要适用于多时段耦合的日前/实时经济调度模型，系统经济可靠性保障、储能成本回收的能力相对较高。储能电站 SoC 状态自行管理。二是针对电力现货市场成熟完善阶段，可采用全调度模式或半调度模式，电力调度机构获得新型储能电站运营控制权，根据储能的物理参数特性，进行统一优化出清、调度规划和 SoC 管理，实现社会效益的最大化。

储能调用方面。一是不断完善政策机制。政府主管部门、电力企业、产业链上下游、电力客户等各个主体，进一步在市场、价格、交易、辅助服务等机制方面加以完善，形成政府主导、政策引导、市场调节的良性循环。二是强化涉网性能管理。通过联合调用等方式提高储能系统利用率，加强储能调频、调压、备用、黑启动、惯量响应等规范管理，制定相关技术标准细则，开展常态化技术监督，保障储能安全运行。三是合理安排调用方式。鼓励新型储能优先通过现货及辅助服务市场形成充放电曲线，依据出清结果下达充放电指令；新型储能不具备参与市场条件情况下，根据负荷特性、新能源出力等电网运行情况，通过日前方式安排和日内实时调度，形成充放电曲线。

储能成本疏导方面。一是加快建立适应电力市场要求的抽水蓄能电站电价形成和成本分摊疏导机制。继续由政府价格主管部门核定电站准许总收入，在电力市场中通过"系统服务费"等形式向所有用户分摊疏导，可在未来光伏电价降价空间中探索解决方案，保障电站获得合理收益，促进电站投资建设和效用发挥。二是稳妥提升峰谷套利空间。峰谷套利是独立储能的主要盈利模式，提升峰谷套利空间将有效缩短成本回收周期。设置深谷电价，在终端电价可承受的前提下，提高储能盈利空间；在迎峰度冬（夏）期间及特殊困难时段，可参照江苏、新疆做法，降低充电电价或对参与调峰电量给予补贴，挖掘新型储能保供潜力。三是拓展辅助服务收益模式。在推动新型储能开展中长期交易、容量租赁的同时，按照"一体多用、分时复用"

模式，推动独立储能参与调峰辅助服务，由每日"一充一放"发展到"两充两放""多充多放"，稳步提高储能收益。四是完善容量补偿机制。结合具体的尖峰负荷曲线形状、电源结构等系统特性，差异化考虑不同能量功率比储能的容量价值，在技术条件成熟后可过渡到ELCC模式，实现容量价值的精确化核定。五是拓宽储能费用疏导范围。促请政府按照"谁收益，谁承担"原则合理确定各方应承担的费用比例，探索将未参与电能量市场交易的上网电量（例如工商业分布式光伏、户用分布式光伏等）纳入分摊范畴。

五　有序推进氢能全链条发展

氢能兼具能源和重要载体的双重特征，能够将传统化石能源和可再生能源连接起来，实现二者平稳过渡，被视为传统能源与未来能源的"黏合剂"。在中央明确能耗"双控"逐步向碳排放"双控"考核体系转变的要求下，不产生碳排放的新增用能不纳入能源消费总量控制，氢的能源属性和零碳载体定位使其成为我国实现碳中和路径的重要抓手。

（一）河北氢能的发展优势

1.有丰富的能源资源优势，为发展氢能产业提供了良好的资源基础

新能源制氢方面，河北有充裕的风能、太阳能等可再生能源。就风能而言，张承坝上地区和唐山、沧州沿海地区为百万千瓦级风电基地，风能资源技术可开发量8000万千瓦以上，其中陆上技术可开发量超过7000万千瓦，近海技术可开发量超过1000万千瓦。就光能而言，河北可开发量约9000万千瓦，有较大的开发利用潜力。河北可以充分利用这些资源将富余的风电、光伏等可再生能源进行能源转移，优先发展电解水制氢技术及核心装备。

工业副产氢方面，炼油、化工、焦化等主要工业副产气中大多含有氢气，且部分副产气氢气含量较高。工业副产气排放量大、来源广，是当前低成本氢气较好的来源，是推动氢能发展和碳减排的有效路径。河北是钢铁化工大省，工业副产氢资源丰富，焦炉煤气提氢、化工产品裂解制氢技术成熟，成本较低。

2. 借助重大国家发展战略实施，氢能产业发展前景广阔

京津冀能源协同给河北氢能发展提供了巨大的市场。河北丰富的可再生能源是京津冀地区能源转型升级的重要保障。根据《河北省推进氢能产业发展实施意见》，张家口、雄安新区将率先规划建设布局加氢站，优先在京张、京港澳高速河北沿线服务区设立加氢站，实现加氢站与加油站、加气站和充电站多站合一布局。在丰富的资源储备和京津冀协同发展战略支持下，河北氢能发展的市场前景非常广阔。

雄安新区作为国家千年大计，对推广氢能下游应用具有极强的窗口效应。雄安新区是产业应用示范的重点区域。同时雄安新区未来将重点承接高校、科研院所等非首都功能，建设国际一流的科技创新平台和科技教育基础设施，这将使新区汇集一批重要科技机构与精英人才，为河北氢能发展奠定雄厚的技术研发基础。

3. 河北规划和支持政策引领，抢滩布局氢能新赛道

京津冀被纳入国家首批燃料电池汽车示范城市群。各地的发展规划都明确提及，要实现电堆、膜电极、双极板、质子交换膜、催化剂、碳纸、空气压缩机、氢气循环系统 8 大核心零部件技术的突破。在这些关键环节，河北各地企业正在主动探索、逐个突破。

进一步明确了河北氢能产业发展目标。河北省印发《河北省氢能产业发展"十四五"规划》和《河北省氢能产业发展三年行动方案（2022—2025 年）》等文件，构建"一区、一核、两带"产业格局，加快推动全省氢能产业高质量发展。强化氢能产业财税政策支持。加快推进燃料电池汽车示范应用城市群建设，研究出台河北相关补贴支持政策，对纳入河北城市群示范任务的燃料电池汽车推广应用、氢能供应、关键零部件研发产业化项目，根据示范任务完成情况，省、市财政按照国家奖励标准给予一定比例的配套奖励。

成立河北氢能产业创新联合体。2023 年，由京津冀等区域 54 家氢能领域科技型骨干企业、高校、科研机构和投资机构等共同发起成立创新联合体，围绕氢制备、储运、供能、动力、原料五大方向，聚焦 10 项集成系统，研发 33 类核心装备，突破近百项关键技术，转化一批科技成果，持续推动氢能产学研用一体化发展。一系列政策的推出，展现了河北在"新赛道"中的顶层设计优势，为抢占"碳中和"制高点奠定了坚实基础。

（二）河北氢能的发展形势

1. 制氢环节——绿氢增长空间广阔

可再生能源制氢（电解水）有利于释放河北资源红利，消化可再生能源过剩产能。碱性电解水制氢是目前主要电制氢手段，电解水制氢的经济性主要取决于电费。根据《河北省氢能产业发展"十四五"规划》测算，"十四五"期间，全省风电、光伏发电预计可达到 1350 亿度，按 20% 电力储能调峰制氢计算，河北可再生能源制氢潜力约为 49 万吨/年，绿氢制造具备良好的资源基础。同时，随着可再生能源发电成本的降低和电价机制的成熟，可再生能源制氢成本逐步下降。河北充分发挥张家口、承德地区风电、光伏可再生资源丰富的优势，大力推动绿氢制备工程建设，打造国内规模和技术领先的绿氢基地。河北已形成日产 17 吨以上的绿氢制造能力，其中，海泊尔一期项目日产氢约 4 吨、交投壳牌项目日产氢约 8 吨、河北建投沽源一期二期共日产氢约 4.3 吨、河北建投崇礼一期日产氢约 0.85 吨。

工业尾气提纯可较好地提升炼化副产品的附加值，实现资源的梯度利用且具备经济性优势。河北已形成日产 34.5 吨的工业副产氢制造能力，其中定州旭阳焦化企业工业副产氢项目日产氢约 13 吨、石家庄启明氢能源公司副产氢项目日产氢约 10 吨、中石油华北石化炼厂重整氢项目日产氢约 5 吨、任丘盛腾石化企业重整氢项目日产氢约 6.5 吨。河北依托钢铁产业等丰富的副产氢优势，加大多元化氢气制备技术研发力度，重点围绕"分布式低成本氢气制备"及"大规模低成本绿氢制备"技术攻关，实现高效低成本氢气制备，为氢能产业提供相对廉价的氢气资源保障。近期，以河北钢铁集团建设的 $1500Nm^3/h$ 分布式甲醇制氢项目，采用甲醇水蒸气重整技术，通过输氢管道为加氢站输送氢气，形成制氢加氢一体化模式，有效降低氢气加注成本，可实现每年二氧化碳减排量 4200 余吨。

2. 加氢环节——储运能力不断加强

储氢技术取得突破。为进一步加大对氢能储运材料研发力度，提高氢气储运能力和水平，满足容量大、体积小、质量轻、安全性高的储运要求，降低氢气储运成本，河北依托中集安瑞科、中船集团第七一八研究所、保定长城汽车等企业加大储氢、运氢、加氢技术研发力度，提高了技术水平，已研制成功的 70 兆帕储氢瓶处于国内领先地位。

加氢站布局建设统筹发展。抢抓"新基建"机遇，按照"功能集成化、资源集约化、运行商业化"的原则，充分利用5G、物联网、工业互联网等技术，优先在张家口、保定、邯郸、唐山、沧州、定州等产业基础好、氢气资源有保障、推广运营有潜力的地区规划布局加氢站项目。河北已累计建成加氢站 35 座，其中唐山市 11 座、张家口市 10 座、保定市 5 座、邢台市 3 座、邯郸市 2 座、石家庄市 1 座、定州市 1 座、辛集市 1 座、衡水市 1 座。

3. 应用环节——多元化应用场景取得突破

近期燃料电池公交车、物流车、重载汽车实现一定规模示范；燃料电池实现在大型应急电源、通信基站、分布式热电联供等领域的试点示范；开展氢气混入天然气管网、H-CNG加气站等民生用气、调峰用气的应用示范。河北氢燃料电池汽车累计推广数量超2000辆，预计到"十四五"末期，燃料电池汽车规模达到1万辆，乘用车实现规模示范；扩大氢能在电力、热力领域的推广应用。河北积极推动氢能多元化利用，河钢宣钢120万吨/年氢冶金示范项目一期工程于2022年12月建成投运。该项目是全球首例采用"氢基竖炉-近零碳排电弧炉"新型短流程工艺技术的氢冶金示范工程，各项技术经济指标稳定保持国际先进水平。

（三）河北氢能发展建议

1.加大可再生能源制氢领域技术攻关，积极推动试点示范

推进清洁、低碳、低成本氢能制备产业体系建设，在风、光资源丰富地区，形成绿氢制备大规模发展，并持续开展电解海水制氢、光催化制氢、微生物制氢等技术研究，逐步提升"绿氢"在终端能源消费中的比重。取得自主研发核心技术突破，开展可再生能源电解水制氢、光解水制氢等科学机理研究及氢脆失效、低温吸附、泄漏/扩散/燃爆等氢能安全基础规律研究。重点开展低成本、高效率、长寿命的质子交换膜电解水制氢、固体氧化物电解水制氢成套工艺、大功率碱水电解制氢等关键技术开发；在风、光资源丰富地区打造"零碳"产业园，开展清洁、低碳、低成本氢能制备产业体系建设与试点示范。探索利用氢能实现季节性储能，提高弃风、弃光利用率，增强电网系统调峰力度，将可再生能源与电网、气网、热网和交通网连为一体，解决可再生能源生产与消纳错位的问题。

2.探索固态、深冷高压、有机液体等氢储运方式应用

统筹推进氢能基础设施建设，布局中长距离输氢管网建设，在重型卡车多的码头与运输高速路线上构建加氢站网络，加快构建安全、

稳定、高效的全国氢能供应体系，逐步构建便捷和低成本的氢气运输网络。加大固态、深冷高压、有机液体等关键技术攻关，开展天然气管道掺氢、纯氢管道输送液氨等试点示范，利用管道或车载实现氢气安全高效输运；统筹布局建设加氢站，有序推进加氢网络体系建设，利用现有加油加气站场地设施改扩建加氢站，探索站内制氢、储氢和加氢一体化加氢站新模式。

3. 通过氢电灵活转换，推动新型能源体系建设

利用氢储能特性，实现电能跨季节长周期大规模存储。氢储能具有储能容量大、储存时间长、清洁无污染等优点，能够在电化学储能不适用的场景发挥优势，在大容量长周期调节的场景中，氢储能在经济性上更具有竞争力。利用氢能电站快速响应能力，为新型电力系统提供灵活调节手段。基于PEM（质子交换膜）的电解水制氢装备具有较宽的功率波动适应性，可实现输入功率秒级、毫秒级响应，同时可适应$10\% \sim 150\%$的宽功率输入，为电网提供调峰调频服务，提高电力系统安全性、可靠性、灵活性，是构建零碳电网和新型电力系统的重要手段。跨领域多类型能源网络互联互通，拓展清洁能源综合利用途径。氢能作为灵活高效的二次能源，在能源消费端可以利用电解槽和燃料电池，通过电氢转换，实现电力、供热、燃料等多种能源网络的互联互补和协同优化，推动分布式能源发展，提升终端能源利用效率。

4. 促进冶金、化工行业深度脱碳

以钢铁为例，约90%的碳排放量是由烧结、焦化、高炉三道工序产生。近几年，基于绿氢的氢冶金技术被认为是实现钢铁行业深度脱碳的可行方案，如果电炉消耗的电力来自可再生能源，则可形成基于绿色电氢的"绿电制绿氢—绿氢直接还原—（绿电）电炉炼钢"生产流程，有望助力钢铁工业实现二氧化碳近零排放。以合成氨为例，基于绿色电氢的"绿电制绿氢—绿电制氮—氢氮合成氨"工艺

流程，主要包括绿电通过电解水制氢、绿电驱动空分装置制氮、氢气与氮气合成生产氨等步骤，用绿电、绿氢代替火电、煤炭，实现合成氨行业的深度脱碳。以甲醇为例，基于绿色电氢的"绿电制绿氢—二氧化碳与氢合成甲醇"工艺流程，主要包括绿电通过电解水制氢气、二氧化碳与氢气合成生产甲醇等步骤，用绿电代替煤炭，实现甲醇行业的深度脱碳。

5. 形成氢燃料电池车与纯电池汽车差异化场景布局

固定路线，便于建设配套加氢站等基础设施，如矿山短倒、港口、物流园区内等相对封闭和固定路线的场景，方便布局加氢站等氢燃料汽车配套能源加注设施；中长途干线，里程在 400～800 公里，超过纯电的续航上限，将成为氢燃料汽车的优势应用场景。高载重车辆，纯电车型由于电池能量密度提升空间有限，重卡匹配一定续航里程的电池必然导致自重较大，因此氢燃料过渡到液氢形态后车重较纯电车型优势进一步放大，在载重量具有更大需求的场景上将更有优势。

六　推进传统能源产业转型提质

（一）煤炭清洁化稳定供给和高效利用

1. 2023年河北煤炭行业总体情况

2023 年，河北省煤炭行业深化产业结构调整，大力推动省内外煤炭资源整合，跨行业、跨省兼并重组、改革改制、转型发展实现突破。转型发展取得新突破，产业全局正从寻找"黑色"煤炭，转向"绿色"能源勘查和煤炭清洁高效利用。业务范围不断向生态地质、旅游地质和城市地质领域拓展。传统煤田地质勘查持续推进，大城区、宋家营区探矿权取得延续，大城勘查区煤炭详查、广宗勘查区煤炭普查被评为自然资源部找矿突破战略行动优秀成果。多功能、综合性、现代化大港建设持续发力。黄骅港煤炭港区首次迎来新疆煤炭出海全程铁路集装箱运输专列，新疆准东煤田红沙泉矿至黄骅港、全运距离3600公里的"疆煤"出海新通道成功打通。煤矿安全生产形势总体稳定。各级监管部门和煤矿企业积极开展重大事故隐患专项整治，压实煤矿安全生产责任，有效应对煤炭保供压力，各项工作取得积极进展，全省煤矿安全生产形势总体平稳。

在高供应、高进口和高库存等因素支撑下，全省煤炭价格呈现"两头高、中间低"运行态势，特别是2023年5月下旬至9月上旬，由于国内产量、进口量有序增长，煤炭非电需求不足，煤价呈现弱势运行。从国内供应看，2023年全年煤炭保供政策持续发力，国内煤炭产量维持高位，下半年煤矿安监力度升级对供给端形成扰动，同比增速有所放缓。保供长协资源占比较高，电煤供应得到有效保障。从国外进口看，澳煤进口政策放宽，进口煤炭零关税政策以及进口煤价格优势，推动全省煤炭进口总量显著增加。从总体需求看，电力需求增加带动电煤刚性增长；受房地产承压下行拖累，钢铁、建材用煤需求疲软；煤化工行业加快发展，用煤需求保持较快增长。

2.河北煤炭行业发展形势

虽然近几年煤炭消费比重逐年下降，但在未来很长一段时间内，煤炭仍然会在河北能源体系中占据主体地位。河北省经过几年的能源结构调整优化，全省多元化能源供应体系构建已经初有成效。石油供应能力稳步发展，天然气供应基础快速加强，核能供应保障大力增强，可再生能源供应体系高速建设，为未来能源多元化建设提供了有利条件，能源安全供应得到了保障。

国外方面：一是国际原油价格持续走高，推动了国际煤炭价格上涨，提升了国内煤炭进口成本；二是国际贸易环境复杂多变，影响了国内煤炭进口的稳定性和可靠性；三是国际气候变化议题日益突出，促使各国加快能源转型步伐，增加了对清洁能源的需求。

国内方面：一是"碳达峰"目标的推进对高耗能行业提出了更高的要求，促使煤炭行业加快结构调整和转型升级，淘汰落后产能，提升优质产能，从而提高了煤炭的供给质量；二是国家加强了煤炭市场价格监管，建立了"基准价+上下浮动"的长效机制，规范了煤炭市场秩序，稳定了煤炭市场预期；三是国家加大了煤炭储备投放力度，增加了市场供应量，缓解了市场供需紧张局面。

省内方面："十四五"时期是加快建设现代化经济强省、"美丽河北"的关键阶段，是生态环境深度治理期、矿业转型升级攻坚期、高质量发展提升期。2023年煤炭市场供需将保持基本平衡态势，但仍存在一定的结构性缺口。主要表现在：一是无烟煤供不应求，需依赖进口补充；二是优质动力用煤供应不足，需加强调运调配；三是部分地区和季节性用煤需求旺盛，需加强储备保障。

成本方面：一是原材料价格上涨，如钢材、电力、柴油等，导致生产成本增加；二是环保税费增加，如碳排放权交易、资源税等，导致经营成本增加；三是安全投入增加，如安全设施、安全培训、安全检查等，导致管理成本增加。

收入方面：一是产品价格上涨，如动力用无烟块煤、无烟末粉等，提高了销售收入；二是产品结构优化，如提高无烟煤、优质动力用煤等高附加值产品的比重，提高了产品利润率；三是产品创新开发，如开发清洁化、低碳化、多元化的新型煤制品，提高了产品竞争力。

2023年河北煤炭消费小幅增长，主要增长在电力行业。随着能源消费绿色低碳转型的加快，河北省的煤炭消费量占能源消费总量的比重有所下降。但河北能源消费长期依赖于火电，随着光伏、风电等清洁能源落地发电，以及南方降水情况好转，水力发电将增强，抵消部分火电，火电占比将继续下降，但明显用电量基数较大，预计火电同比或继续微增。

3.河北煤炭行业发展建议

确保煤炭供需平衡、价格稳定。加大资源勘探与评价工作力度，增加后备资源储备。优化煤炭生产布局，布局建设一批产能接续的安全高效煤矿、大型现代化煤矿，增强大型煤炭矿区稳产增产的潜力。推进煤炭产供储销体系建设，积极推进储备产能建设，探索建立煤矿弹性生产机制，促进煤炭供需平衡、价格稳定。

推进煤炭清洁高效利用。推动发展方式和产业结构绿色转型，推动数字技术和绿色技术在煤炭全产业链的创新和应用，整体推进煤炭从生产开发到终端消费全生命周期清洁管理。全面打好煤炭清洁高效利用攻坚战，实施煤炭清洁高效利用行动，加强商品煤质量管理，支持煤炭深度加工、对路消费和高效利用，加强煤炭分级分质利用和散煤综合治理，多途径提高煤炭利用和转化效率，构建煤炭绿色低碳循环发展新体系。

促进火电转型发展。一是实施煤电机组耦合生物质发电。在具备长期稳定可获得生物质资源的地区，考虑生物质资源供应、收集半径、锅炉适应性等因素，以农林废弃物、沙生植物、能源植物为重点，实施煤电机组耦合生物质发电，改造建设后煤电机组应具备掺烧10%以上生物质燃料能力。二是实施煤电机组掺烧绿氨发电。在具备丰富可再生能源和稳定绿氨供应能力的地区，利用风电、太阳能发电等可再生能源富余电力，通过电解水制绿氢并合成绿氨，实施燃煤机组掺烧绿氨发电，替代部分燃煤，改造建设后煤电机组应具备掺烧10%以上绿氨能力。三是实施烟气碳捕集利用与封存。在具有长期稳定地质封存条件或二氧化碳资源化利用场景的地区，采用化学法、吸附法、膜法等技术分离捕集燃煤锅炉烟气中的二氧化碳，推广应用二氧化碳高效驱油等地质利用技术、二氧化碳加氢制甲醇等化工利用技术，因地制宜实施二氧化碳地质封存。

（二）石油聚集化发展和跨领域应用

1.2023年河北石油行业总体情况

自2013年开始，河北省原油产量基本维持在530万~600万吨，2023年12月20日零时，汽油、柴油价格（标准品）每吨分别降低415元、400元，基本为全年最低水平。2023年以来，国家22次调整成品油价格，调价平均天数为17天，自9月21日起，各类成品油价格均呈下降趋势（见图3-2）。

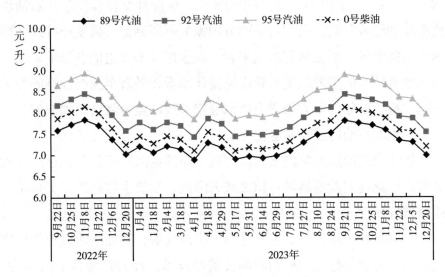

图3-2　2022~2023年成品油价格变化情况

2.河北石油行业发展形势

全球石油供应和储备集中于少数国家和地区，这些国家和地区政治和经济环境的变化可能对全球石油市场产生重大影响，国际石油市场行情将更加复杂。在我国石油需求复苏的背景下，石化产品消费量激增。与此同时，受今年炼厂检修量处于近年低点的影响，炼油企业大量进口和加工低价原油。此外，年内炼油利润总体保持盈利状态，使得炼油企业开工积极性较高。汽油方面：旅游业快速发展，带动消费增长；然而新能源汽车发展，对汽油消费替代性增强。煤油方面：消费量同比大增，未来发展空间巨大。

随着全球气候变化的加剧，各国政府和国际组织对减少温室气体排放和推动可持续发展的要求越来越高，对石油工业的生产和消费都带来了限制和压力。为实现"双碳"目标，化石能源转型发展已经成为必然选择和发展趋势，而作为化石能源主体的油气产业必然首当其冲，面临前所未有的挑战。从供给端来看，目前全球三大原油生产国家（组织）为 OPEC、美国和俄罗斯。国际冲突持续发酵，石油供给将受到严重制约，其中由于西方国家的不断制裁，俄罗斯等地的原油产量将明显下滑。从需求端来看，在全球经济衰退的背景下，原油需求也有较大的下滑风险。从市场整体来看，随着美国与沙特阿拉伯矛盾的持续激化，双方争夺全球原油定价权的竞争将会更加激烈。

3. 河北石油行业发展建议

加快先进制造业集群培育。打造战略性新兴产业集群，逐步形成区域内产业链式发展格局；积极减碳降碳，发展生物化工，实现化工原料部分替代。

积极发展绿色产业。与其他行业协同发展；实施产业链现代化攻坚行动，突破跨行业、跨领域的关键性技术，提升产业核心竞争力；大力发展战略性新兴产业，促进化工新技术和新材料在新能源领域的应用。

优化区域布局，加快集聚化发展。推进曹妃甸、南堡、海港、丰南等沿海化工园区建设，重点建设曹妃甸和渤海新区两大石化化工基地，壮大沿海石化化工基地；加快推进化工园区和化工重点监控点认定工作，推进具备上下游、产业链关系的园区外危化品生产企业搬迁入园。

（三）天然气产供销系统化发展和灵活调用

1. 2023年河北天然气行业总体情况

2023年，河北天然气产量6亿立方米，全面满足全年用气需求，有力保障了人民群众温暖过冬。河北省不断加大在天然气供应基础设施方面的建设和投入，省内基本形成以廊坊永清、衡水安平、沧州沧县为供气枢纽，以陕京系统、中俄东线、鄂安沧管线、天津LNG外输管线等为重要依托的"八横八纵"互联互通输气网络，省内管网最大分输能力达1.5亿立方米/日。截至2023年底，全省已建成投运管网共计169条，总长度10164公里。

2. 河北天然气行业发展形势

全球能源格局加快调整，市场波动明显加剧。受地缘政治角力影响，国际能源市场秩序和运营规则面临新挑战，中长期全球能源安全面临的不确定性增加。欧美亚区域天然气市场联动性增强，区域供需风险对全球天然气市场影响进一步放大。随着河北经济的快速发展和城市化进程的加速，天然气需求量急剧增长，但供应链条中的瓶颈问题和供应能力不足，导致无法及时满足需求。

天然气产量远低于外省供应量。随着大气污染防治行动和"气代煤"等清洁能源替代工作的推进，河北省天然气市场供需矛盾日渐突出。2023年河北省天然气消费量达205亿立方米，外供比例超95%，天然气供应中大部分依靠"三大油"从外省调入。

天然气价格机制亟须完善。河北省煤改气户数较多，保定、邢台、石家庄等多地政府纷纷出台政策试图缓解居民用气紧张，一些地市也在制定相关的补贴政策。河北省仍需在天然气成本控制、运行优化、定价机制方面进行研究分析，提高天然气经济性，降低气源成本及中间环节费用。

3. 河北天然气行业发展建议

推动天然气基础设施投资建设。加快完善区域及省内管道，强化供需衔接。支持实施天然气长输老旧管道更新改造，保障产业链平稳运行。强化勘探特别是风险勘探投资，加快资源勘探，夯实资源基础，强化储量接续。加快科技创新和工程示范，推动油气等资源先进开采技术开发应用。围绕深层深水常规气、深层页岩气、煤层气等难动用储量资源，强化勘探评价和科技攻关，推动效益建产、高效上产。优先保障农村"煤改气"、城镇居民、集中采暖等民生用气服务需求。加强过境河北的国家输气干线之间、省级输气管线之间、国家和省级管线之间的互联互通和公平接入，增强资源互济能力，逐步实现资源在不同管网设施间的灵活调配。继续推进"县县通"工程，完善县域内城镇燃气管网，加速县域内不同企业间城镇燃气管网的互联互通，着力消除城镇燃气"孤岛"和单一气源供应。

提高天然气储备能力。建立储气能力建设进度和达标率与分配气量、气价的挂钩机制；建立储气能力建设进度与中央预算内补助的挂钩机制；建立储气设施市场化运营机制，实行峰谷和季节差价联动，淡季与旺季价格挂钩；建立储气设施的管输费优惠政策；建立储气设施与支持加气站、加油站建设布局的挂钩机制；研究制定对 LNG 接收站配建储气设施的特殊政策；研究地下储气库垫底气的支持政策。

坚持创新引领推进智能化建设。加快油气等资源先进开采技术、装备开发应用，加快管网数字化、智能化、标准化体系建设等。加强模式探索创新。因地制宜、因省施策，积极推动省级管网以市场化方式融入国家管网公司；压缩供气层级，简化收费模式，结合省网融入鼓励探索开展管输费"一票制"结算等模式创新，提高用户改革获得感。加强新业态探索。立足"双碳"发展目标，推动油气行业低碳转型，推进天然气与新能源融合发展。

　　充分发挥天然气低碳、灵活优势。以可再生能源生产基地、电力需求负荷中心为重点，加速推进调峰气电规划布局，助力可再生能源的大规模发展和电网输配电安全；发挥天然气低碳、高效优势，因地制宜建设热电联产燃气电站，推动区域高效用能。

第四章　强化能源技术革命培育新质生产力

　　能源技术革命是全球能源领域的重要发展趋势，对于推动能源结构转型、保障能源安全和实现可持续发展具有重要意义。能源技术革命通过技术创新提升能源的利用效率，减少能源浪费，降低生产成本，从而促进经济的高质量发展。随着能源技术的发展，可再生能源得到了更广泛的应用，能源结构得到优化，减少了对化石能源的依赖，降低了温室气体排放，减少了环境污染。国家相关部门发布《"十四五"现代能源体系规划》和《"十四五"能源领域科技创新规划》，明确了我国能源技术革命的方向和目标，提出了一系列政策措施和支持方向，旨在加快构建清洁低碳、安全高效的能源体系，推动能源生产和消费革命。

　　河北省新型能源强省建设，需要把握能源技术革命的机遇，通过优化能源结构、提升能源效率、加强技术研发和完善基础设施等措施，推动能源产业的高质量发展。

一　全球能源技术发展趋势

（一）全球能源技术发展面临的新形势

　　2023年，全球经济在疫情后逐步复苏，能源需求随之增加，尤其是化石燃料的需求增长，造成能源价格的波动。俄乌冲突的持续进行和巴以冲突的不断升级对全球能源的供应造成巨大的冲击，红海危机使中东海运石油贸易航线受到严重影响，显著压缩了市场供应，进一步推高全球能源价格。欧洲诸国被迫调整原有能源采购布局，从俄罗斯和中东地区转为向非洲和美国采购。中国作为能源进口大国，也明显感受到了原油和天然气价格上涨的压力。在错综复杂的国际环境中，确保能源供应的稳定安全成为世界能源领域的核心议题，国际能源技术发展形势也产生了一些新的变化。

1. 能源安全成为全球能源领域的首要议题

全球能源危机的持续发酵，激进的脱碳计划被迫让步于能源安全，各国能源战略被倒逼自主转型。欧盟加快储气能力建设，大力投资可再生能源，降低对能源进口的依赖，创建 Aggregate EU 天然气集体采购平台，以增强市场稳定性和议价能力，同时加强与北非、挪威、美国和澳大利亚的能源合作。美国持续推进核电技术的开发，首座第三代+核反应堆投入商业运行，这也是美国 30 余年首个新建核电项目，采用了先进的设计，着重提升了反应堆的运行安全性，并加快第四代核电技术的研发。英国颁布史上最大规模能源立法《2023 年能源法》，旨在建立健全的能源生产、监管和安全制度框架。

2. 清洁能源革命性科技布局显著强化

虽然地缘政治与经济因素导致全球能源发生了巨变，但长期的碳中和趋势依然显著强化了各国清洁能源科技战略。重点布局的领域包括可再生能源、氢能、储能技术、碳捕集利用与封存技术及先进核能技术。美国白宫科技政策办公室、能源部和国务院联合发布《美国国家创新路径》，旨在加快推进清洁能源关键技术创新，扩大美国能源格局转型所需技术部署及研究。欧洲持续推进 RE power EU 行动方案，可再生电力占比超过四成，其中风电占比约 18%，首次超过天然气。日本政府则将氢能视为未来能源的终极方式，并在 2023 年对

《氢能基本战略》进行了修订，明确了氢能的战略定位和对象范围，并制定了加速实现氢能社会发展的具体规划和目标。

3. 战略矿产资源的争夺逐渐成为焦点

战略矿产资源是新能源转型的基础，其具有开采周期长、地理集中性强的特点，这使战略矿物的供应成为各国新能源发展的主要风险点。美国能源部发布《2023 年关键材料评估》报告，其中涉及的材料被认为在清洁能源技术中至关重要，报告通过全面评估当前和未来对关键材料的需求及供应风险，提出了确保供应链安全和推动清洁能源技术发展的政策建议。欧盟也出台了《关键原材料法案》，以确保关键矿物的供应安全，其中包括锂、镍、钴等对电池技术至关重要的战略矿物，也包括风力涡轮机和电动汽车发动机中不可或缺的稀土元素材料。英国、日本、加拿大等国也发布关键矿产清单，并采取一系列政策和措施保障清洁能源战略矿产资源的稳定供应和可持续发展。

4. 建设新型智能能源网络系统

世界各国的新型智能能源网络系统正朝着更加智能化、互动化和集成化的方向发展。通过政府引导、技术创新和政策支持，各国纷纷布局智能电网建设，不仅提高了能源利用效率，还为实现碳中和目标奠定了基础。美国智能电网发展战略推进过程较清晰地表现为三个阶段，可归纳为"战略规划研究+立法保障+政府主导推进"的发展模式，是一个典型的美国国家发展战略推进模式。欧洲的智能电网目标是支撑可再生能源以及分布式能源的灵活接入，以及向用户提供双向互动的信息交流等功能，欧盟主导提供政策和资金支持。日本智能电网开发计划的核心是开发"与太阳能发电时代相应的输电网"，包括太阳能发电输出功率预测系统、高性能蓄电池系统和火力发电与蓄电池相组合的供需控制系统，因日本单门独户的建筑比较多，因此以家庭为单位的太阳能发电模式也成为重要选择。

（二）全球能源行业科技创新进展

碳中和的长期愿景已不可逆转，世界各主要经济体均将科技创新视为推动能源行业转型的重要突破口，制定各种政策措施抢占发展制高点，大力推进变革性能源技术的研发与投入。

1. 美国

美国在 2023 年发布了《美国国家创新路径》报告，旨在加快推进清洁能源关键技术的创新。报告指出，美国政府采用了一种三管齐下的方法，优先考虑"创新、示范、部署"，并扩大所需技术的部署和研究，以实现不迟于 2035 年实现电力领域零碳排，到 2050 年实现净零排放经济目标。具体举措包括通过"创新使命""先行者联盟"等促进国际合作，共享美国主导的创新，并从其他国家学习经验，以协调国际合作，使集体投资产生最大影响。

《两党基础设施法案》（BIL）和《通胀削减法案》（IRA）代表了美国对能源系统现代化和脱碳化的大规模投资，这些投资显著促进了清洁电力的增长。2023 年 5 月，美国环境保护署（EPA）提出了针对燃煤、燃气和燃油发电厂的温室气体排放限制要求。

2023 年美国开始加快光伏制造业的发展。根据 Wood Mackenzie 发布的《美国太阳能市场洞察报告》，2023 年美国新增光伏装机同比增长 50% 以上，再创历史新高，这得益于《通胀削减法案》《两党基础设施法案》等提出的财政激励措施等多种因素。

2023 年 6 月，美国发布首份《国家清洁氢能战略和路线图》，提出到 2030 年美国每年生产 1000 万吨清洁氢，2040 年达 2000 万吨，2050 年达 5000 万吨。美国拟 2027 年开始以氨的形式出口清洁氢，2030 年成为最大的氢能出口国之一。2023 年 8 月，美国能源部宣布投入 3400 万美元，支持 19 个清洁氢能前沿技术研发项目。

2023 年 10 月底至 11 月，美国能源部（DOE）宣布了多项资助信息，共计投入约 42.9 亿美元支持清洁能源及电网、清洁能源供应链、碳捕集与封存（CCS）等技术的研发及示范部署。在创新能源概念方面，资助 1000 万美元支持具有突破性清洁能源解决方案的创新概念研究，旨在减少能源消费及进口需求，降低碳排放，并增强能源基础设施的弹性、可靠性和安全性。在半导体技术方面，资助 4200 万美元开发下一代半导体，从而提高电网可靠性、弹性和灵活性，具体的资助内容包括光隔离的功率集成模块、光控半导体晶体管、超宽带隙光触发器件、开发超宽带隙开关器件等。在清洁能源供应链方面，资助 500 万美元支持从海洋大型藻类中提取稀土元素（REE）和铂族金属（PEG）等关键矿物的可行性研究。此外，投入 35 亿美元增强国内先进电池及原材料生产能力，包括利用国内资源的锂分离加工、电池关键矿物回收、电解质盐及电解液制造和非锂电池及系统制造等。碳封存与捕获方面，投入 4.44 亿美元支持 12 个州的 16 个新建和扩建大规模商业碳封存基础设施项目，每个项目都将具备在 30 年内安全封存超过 5000 万吨二氧化碳的能力。

美国大力发展核电技术，启动本土首个高丰度低浓缩铀生产示范项目，该示范项目浓缩铀水平可达到 20%。高丰度低浓缩铀是第四代核电技术及小型模块化反应堆（SMRs）的重要燃料，目前主要由俄罗斯进口。

2. 欧盟

2023 年，欧盟在能源行业科技创新方面取得了一系列进展，涵盖生物能源、数字化转型、可再生能源指令等多个领域。这些进展不仅体现了欧盟对可持续发展和绿色转型的长期承诺，也展示了其在应对当前能源危机和推动未来能源安全方面的积极行动。

欧洲生物能源技术与创新平台（ETIP Bioenergy）发布《2023 年

生物能源战略研究与创新议程》，更新了2018年发布的议程，明确生物能源研发创新的重点领域，以促进生物能源价值链充分发挥市场潜力。生物能源占欧盟一次能源供应总量的10%以上，但仍面临未使用生物能资源的调动、可持续性保障措施的完善等关键挑战。欧盟针对6种先进的生物能转换技术，提出了未来发展建议，如提高工艺的碳效率和能源效率、降低资本支出强度等。

在风电和光电方面，由于欧洲天然气和电力能源价格飞涨，欧洲各国从2022年开始出现新一轮安装光伏发电系统的热潮。欧盟2022年的光伏新增装机容量同比增长47%，2023年装机量实现35%的增长。但从中短期看，受本土制造规模、生产成本和生态链等限制，欧洲难以在短时间内大规模实现光伏供应链本土化。欧盟委员会于2023年10月发布了风力发电一致行动计划，规定了欧盟委员会、成员国和行业将对风电产业共同采取的行动。欧洲曾是全球风电领域的领军者，且具有较强竞争力，但近年来随着中国风电行业的强劲发展，欧洲风电产业进程放缓。2023年，漂浮式海上风电在欧洲得到进一步发展，法国公布了规划装机250MW的大型漂浮式海上风电场，各国也更新了漂浮式海上风电的发展规划目标，英国、西班牙、意大利等国均有大规模开发计划。

欧盟多措并举推进氢能规模化供应，2023年2月，欧盟重新定义了可再生氢的构成，要求生产氢气的电解槽必须与新的可再生电力生产相连，以确保可再生氢的生产能够激励可再生能源并网。3月，欧盟规定到2030年可再生氢在工业氢需求中所占比例要达到42%。

欧盟多个国家致力于在脱碳方面发挥全球领导作用，从而实现无需或更少碳捕获措施的创新无碳生产工艺。欧盟宣布将从创新基金中拨款18亿欧元，投资16个大规模创新项目，涵盖二氧化碳捕集和封存（CCUS）、绿氢及其衍生物、储能、合成可持续燃料等技术，以实现在未来十年内将二氧化碳排放量减少1.25亿吨。

3. 英国

英国储能技术发展迅速，在《2023 年秋季声明》中宣布，将在"能源转型基金"和"先进推进中心"研发计划的基础上，提供超20 亿英镑的新资本和研发资金。这一投资不仅加速了尖端电池技术的研发，也为英国储能技术的产业化提供了强有力的支持。2023 年第四季度，英国储能项目备案容量达到历史新高，总装机容量为14233.37 兆瓦，环比增长率高达 169.8%，这一增长主要归因于政府对储能技术的政策支持和市场需求的增长。

2023 年 3 月，英国能源安全和净零排放部（DESNZ）发布报告《为英国提供动力》，阐明英国政府将如何加强能源安全，抓住经济转型机遇，并实现净零承诺。DESNZ 还发布两项相关计划，旨在确保实现能源安全，提高英国的国际经济竞争力，并实现净零排放。一项是《英国能源安全计划》，主要关注减少对进口化石燃料的依赖，提高国产能源供应；另一项是《英国净零增长计划》，侧重于长期脱碳轨迹，提高英国竞争力并实现工业复兴。

2023 年 6 月，为了延续英国大规模使用可再生能源的发展势头，英国政府设立了天基太阳能产业发展新目标，并宣布向英国领先的大学和科技公司投资 430 万英镑以研发天基太阳能早期技术。8 月DESNZ 发布《生物质战略 2023》，系统阐述了可持续生物质能在实现净零排放方面可以发挥的作用及未来政策措施，提出要加强生物质能可持续性，生物质在发电、供暖、提供燃料和制氢等方面均有很大应用空间。10 月，英国政府宣布投入 2.89 亿英镑支持脱碳车辆技术创新，包括氢动力越野车、锂精炼工厂和革命性的新型电动汽车电池系统等，以巩固英国零排放汽车技术在全球的领先地位。

4. 日本

2023 年，日本政府批准"实现 GX 的基本方针"，旨在指导未来十年能源和工业转型的综合性政策框架，主要目标是实现绿色转型。

该方针涵盖了多个方面，包括投资、融资机制、碳定价、核能利用以及可再生能源发展等。这一方针不仅明确了未来的投资和融资计划，还提出了具体的技术和市场发展方向。

日本持续加大对氢能研发的支持力度，2023年4月，日本对实施了5年多的《氢能基本战略》进行了修订，提出到2030年氢能供给量达到300万吨，2040年达到1200万吨，2050年达到2000万吨的具体目标。这一目标相较于旧版战略有大幅提升，显示了日本在扩大氢能供应方面的决心。新战略还明确了降低氢能成本的具体目标，计划到2030年将氢供应成本从每标准立方米100日元降低到30日元，到2050年进一步降至20日元。这一目标实现后将极大推动氢能市场的发展和商业化应用。

日本提升氢能技术水平主要从两个方面大力推进：一是高效制氢技术，专注于开发高效、耐用、低成本电解制氢技术及其他创新技术如煤气化、甲烷热解等高温制氢技术，这些技术的突破有助于提升氢能制备效率并降低成本；二是燃料电池的研发，日本在燃料电池技术方面一直领先，2023年继续推进高效、耐用、低成本燃料电池的研发，重点包括碳回收产品生产技术如合成甲烷、合成燃料等。

在发电技术方面，日本第六版能源战略计划明确引入了氨能作为未来能源结构的重要组成部分。这一战略计划的公布，标志着日本政府对于清洁能源及氢能发展的严肃态度和长远规划。氨作为一种氢的载体，具有高效储能的特性，可以在不排放二氧化碳的情况下释放能量。日本的这一战略计划提出利用氨作为"绿色价值"的能源供应链的一部分，以实现其2050年的碳中和目标。

5. 中国

"十四五"期间，在能源革命和数字革命的双重驱动下，中国能源科技创新进入持续高度活跃期，可再生能源、储能、氢能、碳捕集与利用等一系列新兴能源技术都取得了巨大突破。

2023 年中国连续第八年发布了《中国可再生能源发展报告》，系统全面地分析了资源开发、建设、利用及产业技术发展等多个方面取得的成效和面临的问题。截至 2023 年，中国可再生能源累计装机规模突破 15 亿千瓦，同比增长 24.9%，占全国发电总装机比重 51.9%，在全球可再生能源发电装机中占比接近 40%。

强化新能源行业新业态与创新运营模式，中国在金沙江上游、雅砻江、黄河上游等主要流域布局十大水风光储一体化基地。雅砻江流域水风光一体化基地作为首个流域水风光一体化基地，其规划已印发并启动实施，全国水风光一体化基地发展加速推进。大型风光基地、光伏治沙、"农业+光伏"和可再生能源制氢等新模式新业态不断涌现，有效提升可再生能源多元化高效利用。

中国在 2023 年储能技术领域取得了显著的新突破，特别是在锂离子电池和钠离子电池技术方面，通过持续的技术创新和产业化探索，实现了重要的进展。在锂离子电池技术方面，中国实现了多项突破，提高了电池的性能和安全性。具体来说，中国科学院院士欧阳明高团队针对大容量电池的热失控难题，提出了一种三维隔热阻燃技术。这种技术通过引入隔热材料和搭建高效热管理架构，显著提升了电池系统的安全性，即使在极端条件下也能有效阻断热失控的蔓延。在钠离子电池技术方面，中科海钠公司发布了其最新开发的钠离子电池产品，这款电池具有 15 分钟充满电、内阻降低 50%、能量密度提高 20%、循环寿命超过 4000 次等特性。宁德时代、传艺科技、鹏辉能源等也在 2023 年大力推进钠离子电池产业化进程，中国在钠离子电池技术的商业化应用方面已经迈出了实质性的步伐。钠离子电池不仅为电池技术提供了新的选择，也在成本和资源利用上具有显著优势。

2023 年中国在氢能技术方面也取得了显著的进展，特别是在政策支持、技术突破和产业发展等方面。根据中国氢能联盟发布的数据，2023 年中国氢气产量约 3550 万吨，需求总量约为 3300 万吨，供需基本平衡，全国已建成超过 350 座加氢站，位居全球第一，这些基础设施的建设为氢能技术的推广应用奠定了基础。在技术装备方面，中国研发了工业用储氢材料、离子交换膜、电催化剂等关键材料，并建造了 49 吨燃料电池重卡、氢内燃机飞机、"三峡氢舟 1 号"氢动力船舶以及大型电解水制氢电解槽等重大装备。

在碳捕集与利用技术方面，2023 年，中国发布了 70 余项与 CCUS 相关的政策文件，涉及规划、标准、路线图、技术目录等。中国在第一代碳捕集技术中，燃烧前物理吸收技术已经处于商业应用阶段，而燃烧后化学吸收技术在国际上已经纳入商业应用，在我国还处于工业示范阶段。中国在二氧化碳重整制备合成气和甲醇技术方面较为领先，中国科学院大连化学物理研究所和中国中煤能源集团有限公司在内蒙古鄂尔多斯立项开展 10 万吨/年二氧化碳加氢制甲醇工业化项目。包钢集团开展了碳化法钢渣综合利用产业化项目，利用二氧化碳与钢渣生产高纯碳酸钙，每年可利用钢渣 10 万吨，成为全球首套固废与二氧化碳矿化综合利用项目。

（三）能源领域技术创新及发展趋势

世界能源技术创新的发展趋势是多元化且快速演进的，其中低碳、绿色和可持续性是主要驱动力。全球范围内对于清洁能源技术的需求正在迅速增长，这推动了技术创新活跃并持续迭代。

全球清洁能源技术创新呈现强劲的发展势头，尤其在太阳能、风能和电动汽车等领域。全球能源技术的研发投入侧重于发生变革，趋向于关注清洁能源技术，特别是在可再生能源领域。清洁能源技术制造业的发展也带来了供应链集中和材料供应风险，需要多样化发展和加强应对策略。

使能技术如电池、氢能、智能电网以及 CCUS 等交叉技术在能源转型中也发挥着关键作用。电池技术，尤其是锂离子电池，为可再生能源的储存和调度提供了可靠方案。电池存储系统能够缓解风能和太阳能发电的间歇性和不稳定性问题，确保电网稳定运行。氢能作为一种零排放燃料，在能源转型中扮演着重要角色，通过电解水制氢，可充分利用风能和太阳能产生的电力，实现能量的有效转换和存储。智能电网技术通过信息化和智能化手段，优化电力系统的运行和管理。这包括智能计量、需求响应、分布式发电和微网等技术的集成应用。CCUS 从工业和能源生产过程中捕集二氧化碳，将其运输到合适的地点进行长期封存，从而减少温室气体排放。

能源转型数字化和智能化趋势正在加速发展，为能源系统的高效和清洁提供了强有力的支持。数字技术的发展，如云计算、大数据、物联网和人工智能等，为能源系统带来了新的管理工具和服务模式。通过继续推动数字化和智能化技术的创新和应用，可以有效促进能源结构的优化，提高能源利用效率，减少环境污染，实现经济社会的绿色发展。

二 河北的能源技术革命主要方向

河北省作为我国重要的能源消费和碳排放省份，面临着巨大的碳达峰和碳中和压力。因此，在实现"双碳"目标的过程中，河北省需要进行深刻的能源技术革命。

（一）发电技术——多能互补协调发展

河北省一次能源消费以煤炭为主，煤炭消费比重高于全国平均水平。大力发展清洁能源和推行煤炭清洁高效利用是减少碳排放的重要手段。河北省应抓住能源革命机遇，大力优化能源结构，紧密结合自然环境和地理条件，形成"风、光、水、火、核、储、氢"多能互补的能源格局。

推进光热发电技术发展。河北省地处华北平原，具有丰富的太阳能资源，近年来分布式与集中式光伏发电在河北省得到了显著的发展，这也给新能源的消纳造成一定的压力。光热发电具有连续稳定、调峰能力强、储能效率高、清洁环保的优势，大容量、高参数、连续储能发电是未来光热发电的发展趋势，其中塔式光热发电是最可能替代常规光伏发电的环保经济技术路线之一，目前光热发电技术正处于示范阶段，成本高是光热发电发展的瓶颈。推进光热发电规模化落地，探索聚光镜、集热管、熔盐等关键设备的生产技术，形成规模化产业优势，对更合理利用太阳能资源有重要意义。

加强海上风电技术研发。河北省风能资源集中在张家口、承德坝上地区，秦皇岛、唐山、沧州沿海地区以及太行山、燕山山区。渤海湾具有良好的海上风电发展条件和潜力，但目前河北省海上风电开发规模较小，且目前运行的多为近海风电场，其风力资源远不如深远海稳定和丰富。从浅海走向深海是海上风电技术发展的必然方向，大规模推进远海风电发展仍需要突破永磁直驱式风电机组、漂浮式海上风电、深远海柔直并网等核心技术。

积极有序发展核电技术。发展稳定、安全、可靠的核能发电技术，对推进河北省能源绿色低碳发展战略的实施，改善省内能源结构，实现"双碳"目标具有重要发展意义。第四代核电技术如高温气冷堆、钠冷快堆等，未来将成为核电发展的新方向。此外模块化小型堆也是重要的发展方向，它能够降低核电站的建设和运营风险，提高发电效率和灵活性。

加快传统火电转型升级。火电在热力供应、低耗高效、可靠备用等方面仍具有较强的技术和经济优势，在电力系统中发挥着重要的托底保供、系统调节和应急保障作用，但也存在碳排放及污染物排放量大的问题。对火电机组进行节能改造、灵活性改造和供热改造，通过改造、延寿、改备用和容量替代等方式，使火电逐步由主体电源向基础保障性和系统调节性电源的方向转型。

（二）电网技术——主配微储数碳协同

坚强的电网是连通发电端与使能端的纽带和桥梁，通过提升电网运行的智能化水平、优化运行效率、提高可靠性、推动绿色发展、促进数字化转型、提升调节能力和保障功能稳定性，构建新型电力系统，促进能源系统的可持续发展和高效运行，对推动河北省能源转型有重要意义。

新能源并网技术。河北省风能和太阳能资源丰富，风能发电和太阳能发电装机量均处于国内各省前列，然而风电和光电出力具有明显的波动性和间歇性，开展风光发电友好并网及主动支撑技术，提高新能源发电的预测精度和调节能力，对减少弃风弃光现象，提升新能源利用率有重要意义。

电网安全互联技术。河北电网在华北电网中扮演着至关重要的角色，是连接华北地区电力供应与需求的关键枢纽。随着新能源的快速发展，河北电网在整合和输送风能、太阳能等可再生能源方面发挥着重要作用。此外，电动汽车等大量大功率电力电子装置的接入，对电网造成巨大冲击。应开展高比例可再生能源及电力电子设备接入的电网调度、系统规划、稳定分析与控制及交直流保护技术研究，可靠保证新能源的稳定输出和电力系统稳定运行。

主动型配网技术。加强电力配用电管理与需求侧响应，随着综合能源技术、车网互动、微网和虚拟电厂等新型用能方式的发展，电力供需双方的界限逐渐模糊，随着河北省电动汽车充电设施和分布式新能源的大规模接入，需求侧资源在多种能源体系间耦合程度加大。在供需高度协调、产销一体化的发展需求下，需求侧资源将逐渐提升至与供给侧同等地位，在保障电力供需平衡、支撑新能源消纳和推动能源绿色低碳转型等方面发挥更加突出的作用。

电力系统数字化技术。随着多类型能源形式和复杂特征用能终端的不断呈现，数字化与智能化技术正逐渐成为推动能源转型的重要突破口。利用数字化、智能化技术，并创新商业模式支撑新型电力系统建设，从技术、功能、形态等各个方面推动传统电力系统向新型电力系统实现跨越式发展。在智能运检领域，打造以设备状态全景化、业务流程信息化、数据分析智能化、云间管理精益化为特征的输变配电智能运检体系。在运行调度方面，精准把握电网运行机理，持续推进电网协同控制，通过全系统协同控制推进电网调度各环节在线互联和实时交互，提升"源网荷储"安全稳定协调运行能力。在电力市场领域，积极打造电力市场信息披露平台，依托数字技术，为市场主体提供及时准确的细颗粒度电力市场信息，为建立市场化、高透明度、高效率的电力市场提供有力支撑。

（三）储能技术——多元技术功能复用

河北省在推进新能源接入的同时，应综合考虑各种储能技术的特点和适用性，结合省内的地理环境、资源分布以及技术发展水平，选择最合适的储能方案。通过多元化的储能技术组合，河北省将能够更有效地消纳新能源，提高电网的稳定性和可靠性。

加快新型储能电池研发。锂电池储能技术较为成熟，具有高能量密度、长循环寿命和较好的环境适应性，可广泛应用于电网调节、频率控制和峰谷优化等环节，但存在依赖锂矿和安全性有待提升的问题。钠电池作为一种具有重要潜力的储能技术，正逐渐崭露头角，钠电池技术具备在低温环境下仍保持高效充放电效率的能力，这对于地处北方的河北省来说，十分重要。同时，钠电池在安全性方面的表现也优于传统锂电池，能够更好地适应复杂的应用环境。河北省作为我国重要的工业和能源基地，探索和推动钠电池技术的发展，有望为该省乃至全国的能源结构优化和绿色低碳发展提供新的增长点。

推进抽水蓄能工程建设。河北省拥有丰富的山地资源，这为抽水蓄能工程提供了天然的地形优势，特别是山区和水库附近，适宜建设抽水蓄能电站，有效利用地形落差，进行能量的储存和释放。这对保障电力持续可靠供应，保障电网安全稳定运行和促进新能源高效消纳有重要作用。

积极探索新型储能形式。随着新能源产业的快速发展和环保压力的增大，新型储能技术也如雨后春笋一般迎来新的发展机遇。压缩空气储能可以实现大容量和长时间的电能存储，我国已有多个空气储能项目实现并网发电，其中包括河北张家口的国际首套百兆瓦压缩空气储能国家示范项目。飞轮储能维护简单，功率密度高，可模块化拼接，目前常被用作功率型技术，国内仍处于研发和示范应用阶段。探索压缩空气储能、重力储能、飞轮储能、超级电容器储能等新型储能形式及应用场景，挖掘河北省新型储能技术的发展潜力与落地空间。

（四）能源装备——扩大高端制造规模

河北省作为我国重要的装备制造基地，在能源装备方面拥有显著的技术优势和发展潜力。随着全球能源转型的深入，河北省应继续扩大能源装备的制造规模，包括高效光伏设备、高端风电设备、智能电网和高效储能装备产业。

持续推进风光发电装备高端化进程。河北省拥多家光电和风电装备制造龙头企业，风光电发电设备产业链布局完成，拥有较为完善的产业链，且在技术创新、政策支持和企业数量方面均有显著成绩。推进高效光伏设备和高端风电设备关键技术研究，优化设备产线，提升生产效率，未来随着可再生能源需求的不断增长，河北省有望在光伏和风力发电设备生产制造领域继续保持领先地位。

抢占高效储能装备发展市场。河北省在高效储能装备领域的发展具有显著优势和潜力，包括电池储能技术、高效储热技术、氢能与燃料电池技术等方面。通过技术创新、产业布局和政策支持等多方面的努力，河北省有望在全国乃至全球高效储能装备产业中占据重要地位，为实现绿色低碳发展目标做出积极贡献。

探索电力电子产业发展潜力。电力电子技术是实现电能高效转换和控制的关键技术，河北省作为电子产业的重要基地，拥有发展电力电子技术的良好基础和潜力，鼓励和支持电力电子技术的研发投入，包括新型器件的开发、控制策略的优化、系统集成等方面，通过技术创新，提高电力电子器件的效率、可靠性和性能，形成能源装备制造领域新的经济增长点。

（五）煤炭与石油——绿色转型创新驱动

河北省作为中国北方重要的能源消费和工业生产基地，其能源结构长期以来以煤炭和石油为主，这种能源结构不仅带来了环境污染问题，也面临着碳排放量大、能效低下等诸多挑战。在当前全球能源转型的大背景下，结合国家"双碳"目标的紧迫性，河北省迫切需要通过能源技术革命来调整和优化其能源结构，以实现绿色低碳发展。

加快推进煤炭清洁高效利用。河北省作为工业大省，其煤炭消费在一次能源中占有较大比重，同时面临大气污染治理和能源结构优化的双重压力。推动煤炭清洁高效利用是河北省能源技术革命的重要方向，这包括全面推进煤炭产业优化升级、统筹洗选储配体系建设、延伸产业链并推进清洁转化利用、加快洁净型煤工程以及大力发展热电联产等措施。通过技术创新和政策支持，推动煤炭产业的转型升级，实现能源结构的优化和环境保护目标

高质量发展石化化工产业。近年来，河北石化行业不断向集约化、规范化发展，形成了石家庄循环化工园区、任丘石油化工、曹妃甸化学工业园区、渤海新区四大石化基地。河北省石化行业将逐步形

成区域内产业链式发展格局，打造战略性新兴产业集群。积极减碳降碳，发展生物化工，实现化工原料部分替代，基于石油原料开发清洁能源，如低硫燃料，以满足更加严格的环保要求。同时，加强石油产品的循环利用和副产品的高值化利用，减少资源浪费。通过高质量发展、绿色低碳转型和技术创新，推动石化产业的转型升级，实现更高质量、更可持续的发展。

（六）氢能技术——制储输用全面发展

氢能作为一种用途广泛的清洁能源，是未来低碳能源体系的组成要素，也将是新型电力系统建设的有力支撑。氢能是一种二次能源，具有能量密度大、灵活高效的特点。河北省已在全国领先布局氢能技术及相关产业，张家口和保定燃料电池、氢能源汽车等产业链已初具雏形。应继续加大对氢能关键技术的研发投入，包括氢气的高效制备技术（如电解水制氢、化石能源重整制氢等）、安全储运技术及燃料电池的耐久性和可靠性提升等。随着氢能技术的发展，河北省有望在氢能制备、储运及燃料电池应用方面取得进一步的技术突破。

推进绿氢技术进步。根据制氢过程的清洁程度，氢能主要分为灰氢、蓝氢、绿氢和粉氢，其中灰氢是采用化石燃料制氢及工业副产氢，成本低廉，而绿氢通过电解水制备，灰氢和绿氢是目前两种最常用的氢气资源。灰氢产量大，短期内仍将占据市场主导地位，其生产过程中有大量碳排放，对环境造成较大影响，但随着环保政策的加强和绿色技术的发展，其市场份额将逐渐减少。碱性电解水制氢（ALK）和质子交换膜（PEM）电解水制氢是两种主要的电解水制氢技术，其中 PEM 技术因其高效率和快速启停能力而备受关注。该技术当前成本较高，随着技术进步和规模化生产，其成本有望大幅下降。

氢能储运协调发展。氢能的运输方式与储氢形式密切相关，氢能

的储运存在常温高压气态存储、低温液态存储、有机液态存储、固态
存储等存储方式和高压气态运输、管道运输、液态运输、固态等运输
方式。其中，液态和固态储运技术仍处于起步阶段，具备更强的技术
潜力。加大液态和固态储运技术创新与开发能力，降低氢能运输成
本，提高运输安全性，推进城市间氢气管束运输基础设施建设，提升
运输效率，对氢能的使用有重要意义。

广泛挖掘氢能使用场景。氢能在交通、电力及工业等领域具有广
阔的应用前景。在交通运输领域，氢燃料电池汽车因其零排放和快速
加注的特点，被视为未来汽车发展的重要方向；在电力领域，氢能发
电作为新能源的储能配套基础设施，可有效提升新能源电源运行的稳
定性；在工业制造领域，氢气作为重要的工业原料，广泛应用于石油
化工、冶金、电子等多个行业，目前仍占据氢能消费的主导地位。随
着氢能使用场景的不断拓展，氢能将成为能源结构从化石能源向可再
生能源转型的关键力量，为未来创造大量的就业机会和经济效益，应
积极推广氢能的应用，加强相关技术研发和产业化布局，以推动氢能
产业的健康和可持续发展。

三　能源技术革命推进河北能源产业升级

（一）影响河北省能源产业发展趋势的要素分析

1.政策引导鼓励

能源是国民经济的命脉，关乎国计民生和国家安全，是国家重点
管控的重要领域，且能源项目投资大回收期长，政策的指引保驾才能
为产业主体树立强大的信心，为此国家和省政府不断出台相关政策、
规划、行动方案等，指导管理、鼓励促进能源产业健康高质量发展。
党的二十大报告提出：加快推动产业结构、能源结构、交通运输结构

等调整优化；完善支持绿色发展的财税、金融、投资、价格政策和标准体系，发展绿色低碳产业，健全资源环境要素市场化配置体系，加快节能降碳先进技术研发和推广应用，倡导绿色消费，推动形成绿色低碳的生产方式和生活方式；完善能源消耗总量和强度调控，重点控制化石能源消费，深入推进能源革命，加强煤炭清洁高效利用，加大油气资源勘探开发和增储上产力度，加快规划建设新型能源体系，统筹水电开发和生态保护，积极安全有序发展核电，加强能源产供储销体系建设，确保能源安全。

国家能源局《2023 年能源工作指导意见》要求，加强国内能源资源勘探开发和增储上产，积极推进能源资源进口多元化，坚持把能源保供稳价放在首位；加快构建新型电力系统，大力发展非化石能源，夯实新能源安全可靠替代基础，加强煤炭清洁高效利用，重点控制化石能源消费，扎实推进能源结构调整优化；强化科技对能源产业发展的支撑，实施一批原创性引领性能源科技攻关，推动能源产业基础高级化和产业链现代化。

河北省把建设清洁高效、多元支撑的新型能源强省作为谱写中国式现代化建设河北篇章的重要组成部分。为推动新能源产业高质量发展，先后印发了《关于推动全省清洁能源增长、消纳和储能协调有序发展的若干措施》《关于进一步加强风电、光伏发电储备类项目管理工作的通知》《关于促进全省地热能开发利用的实施意见》《屋顶分布式光伏建设指导规范》《关于进一步加快抽水蓄能项目前期工作办理速度有关事项的通知》《河北省加快建设新型能源强省行动方案（2023—2027 年）》等一系列政策文件，逐步形成"风、光、水、火、核、储、氢"多能互补的能源格局，从"发输储用"各环节提出切实可行的政策举措，加快推进全省新能源产业高质量发展。到2027 年，新型能源产业将成为河北现代化建设的重要支撑。此外，为构建具有更强新能源消纳能力的新型电力系统，河北省发展改革委印发《河北省"十四五"新型储能发展规划》。规划提出，着力构建具有更强新能源消纳能力的新型电力系统，以稳中求进的思路推动河北省新型储能实现市场化、产业化、规模化发展。规划明确了发展目标，即在电源、电网、用户等环节广泛应用新型储能，增强源网荷储配套能力和安全监管能力，推动"新能源+储能"深度融合，实现一体规划、同步建设、联合运行，增强电网和终端储能调节能力。

河北省结合国家发展改革委等 8 部委印发的《关于促进地热能开发利用的若干意见》，制定了《关于促进全省地热能开发利用的实施意见》，编制了《河北省地热资源勘查开发"十四五"规划》，部署重点对平原区 37 个基岩热储地热远景区、山区对流型地热田和盆地型地热异常区开展地热资源调查评价，同步在环渤海等地热资源丰富地区组织开展干热岩勘查工作。立足地热资源禀赋和开发利用现状，合理划定重点勘查区、重点开采区，优化勘查开发布局，积极推动地热能在供暖（制冷）、旅游、医疗康养、生态农业、工业等方面的应用，纵向延伸地热能产业链，实现地热资源梯级开发、集约化利用。《河北省推进氢能产业发展实施意见》《河北省氢能产业发展三年行动方案（2023—2025 年）》《河北省氢能产业发展"十四五"规划》，为高质量发展氢能产业，优化产业规划布局，明确主攻方向，谋划发展路径，提供政策依据，政策引导作用明显，已初步形成了涵盖制氢、储氢、运氢、加氢、整车全产业链的氢能产业体系。

在编制相关管理规定和规划的基础上，《河北省新能源发展促进条例》经河北省第十四届人民代表大会常务委员会第五次会议表决通过，于 2023 年 11 月 1 日起施行。条例立足河北资源优势和产业特点，将河北重点发展的风能、太阳能、生物质能、地热能、氢能、核能纳入规范范围，提出重点发展光伏发电和风力发电，鼓励太阳能资源丰富地区采用农光、林光、草光、牧光、渔光互补等模式或者结合矿山修复、生态修复等建设光伏发电项目；鼓励海上风能、太阳能资源丰富地区采取集中连片、规模化开发等方式建设海上风力发电、光伏发电项目，探索多元化发展模式；规定电网企业应当加强新能源发电项目配套送出工程建设，保障新能源发电项目及时并网；推进抽水蓄能电站规划建设，提升电力系统调节能力，促进新能源消纳和能源结构调整；统筹布局新型储能项目，推动新型储能规模化应用，支持社会资源参与新型储能建设，推广新型储能在电源、电网、用户等环节的应用，提升电力系统灵活性；鼓励全社会优先使用风能、太阳能、生物质能、地热能等清洁低碳能源，支持以新能源供能为主的绿色大数据基地建设，推动新能源电力京津冀协同消纳。

2. 技术创新推动

技术创新是产业发展的原动力，河北一直注重推动绿色低碳能源重大技术攻关和创新成果转化，加强产业标准体系建设，依托省内高效光伏电池及组件、大型风电机组、特高压输变电、氢能和新型储能等装备制造企业技术突破，加快产学研用一体化，支持先进技术装备试点示范推广，加快推动新能源与新产业发展互促共振。但能源产业转型升级、新型能源体系建设还面临众多技术难点，必须进一步依靠技术创新获得大突破。

针对河北大量煤炭资源赋存深部，油气又主要依靠外进的现状，要抓紧开展大埋深高地应力下煤炭地下气化关键技术研究和富油煤地下原位热解技术研究等，既保障能源安全供给，又实现煤炭清洁化利用。根据河北赋存非常规气地层主要为陆相的实情，开展陆相页岩气、致密气、煤层气富集机理与分布规律研究，攻关穿层体积压裂及压后排采关键技术，实现非常规气勘查开发突破；深入开展干热岩勘查开发关键技术研究，让干热岩资源作为未来战略性替代能源，在河北能源结构调整中发挥重要作用；加快风电、光伏技术迭代研发，突破一批新型电力系统关键技术；支持河北省氢能产业创新联合体技术研发，建设高能级科技创新平台，重点突破大规模高效制氢、分布式制氢、氢气纯化、氢气储运、氢燃料电池、氢燃料电池汽车和动力系统的关键材料和技术，搭建新技术新产品应用场景，推动京津冀区域氢能产业创新生态和发展生态不断优化。统筹布局建设电化学储能、机械储能、电磁储能、储氢等新型储能项目，加快攻关新型储能关键技术和绿氢制储运用技术，推动储能、氢能规模化应用；开展构网型项目深入研究，加快推进河北省能源互联网建设；加快能源产业数字化智能化升级，推进能源产业和数字产业深度融合；开展电厂、电网、油气田、油气管网、终端用能等领域设备设施、工艺流程的智能化建设，提高能源系统灵活感知和高效生产运行能力，促进源网荷储互动、多能协同互补。只有前瞻性、颠覆性能源技术快速兴起，才能早日实现新型能源强省建设，并带动新业态、新模式持续涌现。

3. 资本支持助力

从全国来看，电源投资加速释放，电网投资维持较高水平。2022年，全国主要电力企业合计完成投资 12470 亿元，比上年增长15.6%。全国电源工程建设完成投资 7464 亿元，比上年增长 27.2%。大量电力投资加快释放，一批重大项目建成投运，推动能源生产和消费方式深刻变革。

从河北省来看，2023 年全省能源领域固定资产投资同比增长8.5%，正向拉动全省固定资产投资 0.4 个百分点，为全省经济社会高质量发展提供了坚强的能源支撑。在河北省 2023 年重大能源项目政银企校对接洽谈会上，13 家金融机构累计设立总规模 6950 亿元的能源领域碳达峰碳中和专项贷款，贷款合同金额达 1000 亿元，为能源领域项目发展提供了金融支持。2023 年 9 月 1 日《河北省促进民间投资高质量发展的若干措施》发布，支持民间资本参与能源建设。支持民间资本加大可再生能源发电和储能投资力度，建设抽水蓄能、新型储能、新能源升压站、氢能、地热能开发利用和充电桩等能源类项目。在政府财政和民间资本的共同助力下，河北能源产业将迎来快速发展的良机。

4. 用户需求拉动

党的二十大报告提出，要以中国式现代化全面推进中华民族伟大复兴。中共河北省委十届三次全会提出，要系统谋划中国式现代化在河北的具体实践场景，把重大机遇变成发展成果，不断开创加快建设经济强省、美丽河北新局面。河北是能源消费大省，2023 年，河北能源消费总量为 32600 万吨标煤，同比增长 0.2%，煤炭占比 72%、石油占比 7%、天然气占比 8%、一次电力及其他能源占比 13%，全社会用电量 4757 亿千瓦时，同比增加 9.5%。随着人民生活水准的提高和社会经济的发展，电气化、自动化、智能化促使能源消费量进一步提升，从而拉动能源产业发展。

（二）未来河北省能源产业对经济发展贡献分析

1. 促进上游产业高质量发展

近年，河北能源产业的快速发展大大激发了其供应端、应用端产业发展潜力和市场主体活力，相关产业规模日益扩大、名企名牌不断涌现，经济效益、社会效益显著提升。未来，在新能源强省战略引领下，新型能源产业将强劲崛起，一批特色鲜明、链条完整、品牌高端、竞争力强、带动效应显著的新能源上游产业集群将应运而生并发展壮大，发展光伏技术及装备、风力发电装备、输变电装备、储能技术及装备等产业链条，加快推动新能源与智能电网装备产业向价值链高端提升，建成具有全球影响力的新能源及电力技术创新与产业基地的保定新能源与智能电网装备产业集群，预计到 2025 年，产业集群营业收入超 600 亿元，到 2027 年，产业集群营业收入预计超 700 亿元。重点培育的邢台新能源产业集群和邯郸高端装备产业集群正蓄势待发，邢台新能源产业集群将聚焦光伏装备、风电装备、光热利用、新能源整车及部件等领域，重点发展太阳能级单晶硅、高性能太阳能电池及组件、风力发电机组零部件及相关配套、热利用等产品，推进新能源产业规模化扩张和相关装备制造业高端化发展，打造有重要影响力的区域性新能源产业集群。邯郸高端装备产业集群则聚焦先进能源装备、智能制造装备、新能源汽车及零部件、精密制造装备、节能环保装备等领域，发展风电主机主控系统、制氢设备制造、氢能制取储运等产业，形成一批具有竞争优势的企业和产品，打造国内高端装备制造新高地。绿色氢能产业的高效制氢、纯化、储运和加氢等技术装备及基础设施，已在张家口、保定、衡水、邯郸、唐山等地加快建设，氢能技术链、产业链、供应链正在形成。

2.支持下游产业降费增效

石油、天然气。我国石油、天然气对外依存度分别高达70%和40%以上，2023年河北省天然气产量为6亿立方米，随着天然气消费潜力持续释放，2023年河北天然气消费量205亿立方米、同比减少1.44%，河北省天然气市场供需矛盾依旧突出。随着工业化、城镇化深入推进，未来较长时期内油气需求还将保持较快增长，石油、天然气价格波动将长期存在，成为全球经济发展的最大不确定因素之一。随着冀东油田地下储气库群、唐山曹妃甸新天LNG项目以及其他储气库建设，河北油气储备能力将大大提升，价低时购储、价高时使用，下游企业用户必会实现降费增效，并保证生产正常运行。

电力。在打造坚强智能电网、支撑新型能源强省建设过程中，不断深化供电+能效服务。电网企业可以重点面向公共机构、高耗能工业企业及中小制造类企业全面开展节能诊断、融资和用能优化改造等"一站式"服务，服务重点用能行业和领域加快实施节能降碳技术改造项目，引导企业节能降耗、降本增效，实现绿色低碳发展。

3.支撑经济强省、"美丽河北"建设

打造坚强智能电网、支撑新型能源强省建设是实现电力行业高质量发展、服务构建新发展格局的重要途径，是不断开创加快建设经济强省、"美丽河北"新局面的重要举措。随着经济发展、社会进步和能源转型，电力的应用领域不断拓展，电力服务需求和消费理念日益多元化、个性化、低碳化，电力行业的新产业、新业态、新模式不断涌现。构建以新能源为主体的新型电力系统，为供需精准对接、满足各种需求、挖掘潜在价值、降低社会能耗、促进产业升级提供强有力的平台支撑，以高质量的电力供给为美好生活充电、为美丽中国赋能。同时，也有利于抢占行业转型发展的制高点，争取全球产业竞争的主动权。"十四五"期间，依托风光等新能源产业，带动新能源电站投资超过3000亿元，新能源年发电量超过2000亿千瓦时，年减碳超过6000万吨。

4. 催生新产业、新业态

新产业。随着新能源汽车产业的发展，以及储能、大数据、云计算、智能网联等技术的演进，再加上道路等基础设施的完善，"车能路云"融合发展的产业生态前景广阔。近年来，我国新能源车企与充换电企业协同推动技术和商业模式创新，形成全球最大规模的充换电网络，为新能源汽车快速普及打下坚实基础；但充换电不便，仍困扰着不少新能源汽车用户。构建"车能路云"融合发展的产业生态，将新能源汽车、储能和基础设施、智能网联化系统、道路基础设施和云计算技术相互融合最终形成全新的智能出行生态系统，可以让交通更加智慧、出行更加便利，更好造福广大人民群众。

随着氢能产业的发展，可再生能源将提供源源不断的氢源，通过先进催化技术，可将捕集到的既有产业排放的二氧化碳转化生产成绿色甲醇及绿氨，打造一个二氧化碳资源化利用和绿电高效利用的"去碳"化工新产业，既解决了二氧化碳排放的影响环境问题，又实现了碳的储能和循环利用。

新业态。电力市场发展催生了抽水蓄能、储能、虚拟电厂、负荷聚合商等新的市场主体，新能源跨领域融合、负荷聚合服务、综合能源服务等贴近终端用户的新业态将不断涌现。未来各类市场主体可通过整合优化可调节负荷、新型储能、分布式电源、空调等需求侧资源，以负荷聚合商或虚拟电厂形式参与需求响应，创新用电服务模式，培育用电服务新业态。

另外，现行的以煤焦炭进行钢铁冶炼，造成高污染、高能耗，对生态环境、产品质量、经济效益都有很大的负面影响，随着氢能产业的发展，氢利用技术提高，必将呈现"以氢代碳"的新业态，驱动高碳工业绿色转型。

（三）河北省能源产业发展趋势及建议

1. 能源产业科学布局

煤炭。提升煤炭"压舱石"能力。有序推进煤矿先进产能核准建设，重点在开滦、邯郸、邢台、峰峰矿区等地加强特殊煤类勘探开发；开展平原区深部煤炭资源地下气化关键技术、富油煤地下原位热解技术研究和资源开发利用。通过大埋深高地应力下煤炭地下气化关键技术，形成包括点火技术、控制燃烧技术在内的一系列研究成果。探索实施"煤中采油"煤炭资源开发革命性技术，释放河北巨大的深部煤炭资源，并实现清洁化利用，增强油气自我保障能力，改善油气高度依赖外援的局面。

天然气。加快推动冀东油田地下储气库群、唐山曹妃甸新天LNG 项目建设，并将现有管线及唐山 LNG 外输管线等新建主要干线与国家级气源管线、邻近省份管线互联互通，到 2027 年实现"一张网、多气源、互联互通、功能互补、统一调度"的供气格局，天然气管道最大分输能力达 1.8 亿立方米/日，满足河北未来 300 亿立方米用气需求，全省绝大部分地区实现管道县县通。

地热。根据河北地热资源禀赋特征与开发利用需求，将平原区基岩热储浅埋区及高阳地热田、牛驼地热田、容城地热田设为重点勘查区。山区重点选取蔚县盆地、隆化七家—茅荆坝地热田、宽城—兴隆县一带、遵化汤泉、阜平—涞源一带地热异常区进行重点勘查，提高勘查程度。干热岩以秦皇岛—唐山—沧州环渤海区域、张家口阳原、邢台柏乡等资源潜力区为重点，有序推进干热岩资源调查评价工作，在唐山马头营区建立"国家级干热岩开发研究示范基地"、完成科技部重点专项"超长重力热管高效开发干热岩地热能关键技术研究"项目、完成"环渤海干热岩区发电与制冷"工程示范建设。探索建立开发利用新模式，解决地热资源可持续发展问题，促进雄安新区、黄骅港区等基岩热储集中开采区及遵化市汤泉乡、怀来后郝窑及奚家堡等重点开采区地热资源科学开发利用。

氢能。构建"一区、一核、两带"氢能产业格局，依托张家口国家可再生能源示范区建设优势，推动坝上地区氢能基地建设，打造燃料电池汽车及关键零部件技术创新和生产集群，开展多种形式终端应用场景示范，搭建国内领先技术研发和标准创新平台，打造张家口氢能全产业发展先导区。发挥雄安新区政策优势，积极承接北京高校和科研院所转移，吸纳和集聚京津及国内外创新资源，打造以雄安新区为核心的氢能产业研发创新高地。支持廊坊、保定、定州、石家庄、辛集、邢台、邯郸等地大力发展涵盖制氢、储氢、运氢、加氢、氢应用全产业链的氢能装备制造产业，加快形成国内先进氢能装备制造产业带。支持承德、秦皇岛、唐山、沧州、衡水等地发挥资源与区位优势，加快港口重型卡车、搬运叉车、码头牵引车等重型车辆氢能替代，培育沿海氢能应用示范带。充分发挥河北张家口、承德地区风电、光伏可再生资源丰富的优势，大力推动绿氢制备工程建设，打造国内规模和技术领先的绿氢基地。充分利用河北唐山、邯郸等地充足的焦炭、化工等工业副产氢资源，加大提纯升级改造工程建设，满足河北氢能产业起步阶段低成本用氢需求。

电力。推动风能、太阳能在资源丰富的地区规模化、基地化发展，鼓励因地制宜、就地消纳分布式开发，形成集中开发与分布式利用相结合，达到可再生能源电力消纳权重目标。风电主要布局在太行山脉及渤海沿线，集中式光伏主要分布在西部太行山沿线丘陵以及东部坑塘、盐碱地地区，分布式光伏以乡镇建筑屋顶为主。煤电存量机组积极开展灵活性改造、节能升级，增量机组稳步布局，维持电力保供基本盘，促进煤电高质量发展，规划新增煤电机组主要布局在大中城市负荷中心。兼顾电力保供、民生工业保热与调峰需求，合理布局燃机在市区周边。核电用水量大，对工程地质、地震、防洪条件等有较高的要求，且厂址应选在人口密度低地区，距离城镇有一定的距离，建议新建大型核电站考虑沧州沿海地区，小堆核电站考虑负荷中心周边水流稳定且人烟稀少地区。科学谋划抽水蓄能电站规划站点，结合河北省地形地貌特征，选址在太行山脉沿线，如保定西部、邢台西部、邯郸西部等地。积极引入外部电力，特高压交直流落点直接注入负荷中心点周围，提升雄安新区、保定、邯郸等城市电力保供能力。

2. 能源行业优化升级

河北省清洁低碳能源品类单一，低碳转型的重点是新能源。在新能源大规模发展的同时，消纳困难、电力系统稳定风险上升等新问题逐步显现。为了加快新型能源强省建设，河北省新能源行业要坚持绿色发展理念，遵循统筹规划、系统衔接、因地制宜、综合利用的原则，实现高质量发展。

一是加快可再生能源资源高质量开发。在太阳能、风能方面，太阳能资源丰富地区采用农光、林光、草光、牧光、渔光互补等模式或者结合矿山修复、生态修复等建设光伏发电项目；海上风能、太阳能资源丰富地区采取集中连片、规模化开发等方式建设海上风力发电、光伏发电项目，探索海上风力发电、光伏发电与水产养殖、制氢、储能、文旅观光等业态融合的多元化发展模式。在生物质能方面，利用畜禽粪便、农作物秸秆以及其他废弃物等生物质资源，采用清洁高效技术生产沼气和生物天然气，推动生物天然气产业化发展；鼓励和支持生物质燃料生产和利用，发展生物质热、电、气、炭、肥等联产，提升农林废弃物的能源化利用水平，促进生物质能多元化利用。在地热能方面，根据地热资源禀赋，将具备条件的地热能用于地热发电，推广地热能供暖制冷，有序推进温泉旅游、医疗康养、设施农业等产业发展，实现地热能多元梯级利用；相关地热能开发企业、科研机构、高等学校等开展地热能高效开发利用关键技术研发，为地热能开发利用提供技术支持。在核能方面，有序推进核电站建设，优化能源结构，提高能源供给能力。

二是提高新能源多元化利用水平。新能源的开发利用应充分考虑市场需求，多元化的发展路线将成为新能源产业发展的主要方向。结合河北实际，需要重点推进新能源开发与大数据产业的融合发展，围绕全国一体化算力网络京津冀枢纽节点建设，在怀来、张北等地区支持以新能源为主体的绿色大数据基地建设，加快推动张家口290万千瓦源网荷储数一体化示范项目建设投产，持续推动数据中心用电负荷与风光发电项目电能对等匹配、同步投产运行，实现大数据产业发展充分利用光伏风电。积极谋划布局推广风光制氢项目，提高建投沽源、建投崇礼、海珀尔、中智天工等项目可再生能源电解水制氢示范效果，打造坝上地区绿氢基地，通过风、光、氢能联动发展提升风电光电消纳水平。加大太行山脉沿线城市可再生能源电解水制氢项目开发力度，逐步构建风光储氢一体化产业集群，为京津冀提供绿氢供应保障。积极发展风光储充等新模式新业态，推动光伏风电与电动汽车充放电互动匹配，多途径促进新型产业用电与新能源发电匹配互补，促进新能源更大规模利用。加快推动沧县、隆化、丰宁、蔚县等源网荷储一体化和多能互补试点项目建设。继续谋划推动风光火储等综合能源示范项目发展，加快推动煤与煤电联营、煤电与新能源实质性联营，进一步促进多种能源优化组合发展。积极支持清洁能源电站配建新型储能设施，推动储能与各类电源协同优化运行，合理布局电网侧新型储能，探索用户侧储能多元发展新场景，拓展新型储能应用模式。重点构建河北新型储能"一核、一区、两带"发展格局，即以雄安新区为核心打造新型储能研发创新高地，打造张承地区"风电光伏基地+储能"大规模综合应用示范区，打造太行山脉"光伏+储能"规模化应用和装备制造示范带，打造沿海"新能源+储能"和"工业大用户+储能"多元化应用示范带。推进传统化石能源产业向绿色、可持续发展方向转型。加快大型煤矿的技术改造和产业升级，扎实推进智能化煤矿建设。开展煤炭清洁利用技术的研发和应用，促进煤炭煤气化、煤制油、煤制气等清洁能源的发展。

3. 坚强智能电网建设

围绕特高压入冀通道建设、省内主网架升级改造、新能源接入消纳、智能微电网建设以及轨道交通电气化等现实需求，加快突破大容量输电、大规模新能源并网、智能电网大数据分析、储能大规模推广应用等关键技术，着力推动智能输变电成套装备、配网自动化设备、微电网系统以及智能化检测装备等相关产业发展，加快推进智能电网产业与新能源技术、信息技术、储能技术深入融合，推动输变电设备和智能电网产业向成套化、高端化、智能化方向发展，建设具有国际先进水平的特色智能电力装备产业基地，提升省内智能电网建设所需设备自主配套能力。

4. 河北省能源产业发展建议

（1）增强油气自主保障能力。持续推进平原区深部煤炭资源地下气化关键技术、富油煤地下原位热解技术研究和资源开发利用，解放河北巨大的深部煤炭资源，变煤为油气，增强油气自主保障能力，改善油气高度依赖外援的局面。另外，采油气后，留下的空间可以用于二氧化碳地下封存，助力"双碳"工作。这一系列工作意义重大，但难度也大，需要政策和资金、技术的鼎力支持。

（2）探索干热岩开发利用。从干热岩中提取并利用地热能的关键技术属于潜力大、开发难的新兴地热能技术，目前尚处于初级试验研究阶段，需要政策和资金、技术的鼎力支持。建议落实省、部领导"深入推进干热岩清洁能源勘查开发利用研究"的重要批示，在唐山马头营干热岩勘查区建立"国家级干热岩开发研究示范基地"，对干热岩开发关键技术进行攻关，为下一步综合开发利用奠定基础；在唐山南堡等干热岩勘查有利靶区，继续开展干热岩勘查工作，探获更好的干热岩资源。

（3）加强地热资源勘测和应用。优化地热资源矿业权办理流程，激发市场主体投资积极性；加大地热资源勘查力度，合理评价地热资源规模、质量、开发强度、开发范围，统筹谋划，按照技术先进、高效利用、持续发展的理念制定科学的开发规划方案；加强地热水动态监测系统建设，掌握地热水资源的动态变化，保障地热水资源可持续利用。

（4）推进再生能源电解水制绿氢。大力发展风电、光伏可再生能源电解水制绿氢，使制氢不排碳；开展海水原位直接电解制氢技术研发和应用，克服淡水约束，结合海上风电和沿海核电，扩大沿海地区的氢源；拓展氢能在分布式供热、绿色钢铁、绿色化工、通信、天然气管道混输等多领域的推广应用，助力实现碳达峰、碳中和目标。

（5）加强煤电兜底保障。我国以煤为主的能源资源分布特征决定了煤电在相当长的时间内仍是我国主体能源，煤电仍需要承担电力安全稳定供应的兜底保障作用。对于省内煤电机组在进行灵活低碳改造的基础上，积极发挥保障性支撑电源作用，支持符合煤耗、安全等条件的设计寿命到期的煤电机组"关而不拆"，转为应急备用调峰电源。

（6）推进新能源高效开发利用。发挥河北省得天独厚的风光资源，做好资源整合，统筹好新能源和传统能源、统筹好风电和光伏、统筹好集中式和分布式、统筹好陆上和海上、统筹好开发和消纳，实现电力发展的清洁化替代。新能源产业要积极推动新能源技术与信息技术、储能技术深入融合，推动新能源产业向成套化、高端化、智能化方向发展，推动多能互补系统、风光储、风光火储等综合能源示范项目发展，进一步促进多种能源优化组合等多元化应用技术发展，实现新能源的高效利用、高质量发展。

（7）加快智能电网建设。既要提升电力跨省区输送能力，发挥跨省跨区电网互联互通在保障电力供应安全、消纳高比例新能源、提升电网运行效益、扩大电力交易规模等方面的作用，又要加强省内网架建设，持续加强 500 千伏主网架建设，增强 500 千伏网架结构，进一步提升河北电力安全可靠供应能力，更好地支持新能源接入送出，积极融入京津冀电网，完善京津冀电网互联互通，加快推进实施廊坊北—亦庄、雄安—新航城、廊坊—通州北、静海—黄骅改接等京津冀跨省市 500 千伏电网工程，加强京津冀电网互联互通，提高电力互济能力。通过城市高可靠性电网建设、农村电网巩固提升等工程，实现城乡均衡发展。

（8）推动储能规模化布局。做好抽蓄项目规划布局建设，服务保供电和保消纳的省内电力发展大局。统筹推进源网荷各侧新型储能多应用场景快速发展，依托系统友好型"新能源+储能"电站、基地化新能源开发外送等模式合理布局电源侧新型储能，鼓励建设共享型储能电站，加速推进新能源可靠替代，统筹布局电网侧独立储能及电网功能替代性储能，加强源网荷储协调调度，探索源网荷储安全共治机制，突破电池本质安全控制、电化学储能系统安全预警等关键技术，保障电力系统安全稳定运行。

（9）培育龙头企业集群。积极引入宁德时代、蜂巢能源等储能行业领军企业，开展全面战略合作，壮大上中游储能高端装备制造产业；在发展张家口可再生能源示范区、保定新能源与能源装备产业基地基础上，建立从材料、部件、系统、运营到回收再利用的完整产业链。

（10）加强技术创新、人才培养。着力加强关键技术攻关，风电产业方面，加快推广高空风力发电成套技术、大型风电机组及关键部件的设计制造技术，包括大碳纤维材料等新型叶片关键技术、整机智能制造、10兆瓦级及以上风电机组及电控系统研发；重点推进适用于低风速风能资源地区的分散式开发技术研究与模式研究。光伏产业方面，加快突破PERC技术，推进高效晶体硅电池、新型纳米离子电池和浆料工艺装备的研发和产业化，加强CdTe等化合物半导体薄膜电池、薄膜电池集成应用技术（BIPV）以及逆变器、智能组件等关键技术的创新与应用；探索基于等离激元效应的光能新利用技术、太阳能光热海水淡化技术。

第五章　深化能源体制革命
推进治理现代化

　　能源革命，体制先行。能源高质量转型升级发展，需要率先加快能源体制革命，需要及早建设完备的能源发展政策体系，需要大力推进能源治理现代化，需要加快形成与之相适应的新型能源发展市场。国家通过深化改革、完善政策、规划引领、法治保障等多种手段，充分发挥市场在能源资源配置中的决定性作用，为能源绿色低碳转型营造良好的发展环境。十年来，河北省不断推进能源体制革命。一是加强政府引导和服务。强化规划引领，树立能源发展中长期规划意识，制定了五年规划以及可再生能源发展等系列专项规划，对能源绿色低碳发展进行总体部署，促进能源生产革命、能源消费革命、能源技术革命实施，加强能源与生态环保、国土空间等领域规划衔接。加强绿色低碳转型政策支持，健全清洁能源标准体系，制定财政金融税收支持政策。提升监管效能，健全能源领域自然垄断环节监管制度，推动电网、油气管网设施公平开放，持续对市场交易、价格机制、信息披露等加强监管。二是构建公平开放、有效竞争的能源大市场。加快构建有效竞争的市场结构和市场体系，完善主要由市场决定能源价格的机制，为各类经营主体营造稳定公平透明可预期的良好环境。电网统购统销局面基本被打破，发电和售电环节全面引入市场竞争，配电环节引入社会资本投资，综合能源服务商、虚拟电厂、新型储能企业等新型主体蓬勃发展，民营企业成为新能源产业的主要力量；油气体制改革不断深化，逐步形成上游油气资源多主体多渠道供应、中间统一管网高效集输、下游销售市场充分竞争的市场格局。加快建设全国统一电力市场体系，省内、区域、省间交易高效协同，中长期、现货、辅助服务交易有机衔接，组建电力交易中心、石油天然气交易中心和煤炭交易中心，搭建公开透明、功能完善的能源交易平台。深化能源价格市场化改革，有序推动各类电源参与市场，不断完善新能源上网电价政策体系，全面放开工商业销售电价，出台系列促进节能减排的高耗能行业阶梯电价政策，完善分时电价政策，引导用户削峰填谷、错峰用电，健全灵活反映国际市场原油价格和国内供需形势变化的成品油价格形成机制，有序推进天然气门站价格市场化改革，煤炭中长期合同制度和市场价格形成机制不断完善。三是加强能源转型法治保障。全面贯彻落实国家层面各项能源法律法规，贯彻落实并支撑国家推进《节约能源法》《可再生能源法》《清洁生产促进法》《循环经济促进法》《碳排放权交易管理暂行条例》等为重要支撑的能源转型法律制度体系建设，支撑国家推进《生态环境法》《能源法》等法典编纂，制定省域可再生能源法规、电力法规，健全促进绿色生产和消费的制度体系，强化节约用能，促进绿色能源消费等激励约束制度。深入推进法治政府建设，将法治贯穿于能源战略、规划、政策、标准的制定实施和监督管理全过程。在能源领域全面推行行政执法公示制度等，深化行政复议制度改革，依法保障企业和人民群众在能源生产和消费活动中的合法权益。深入开展能源法治宣传教育，促进全社会自觉履行绿色消费义务。全方位完善能源高质量发展的司法服务举措，以设立环境资源审判庭等方式发挥法院在能源转型中的法治力量。

一　建立健全能源治理体系

2014 年 6 月，习近平总书记在中央财经领导小组第六次会议上提出"四个革命，一个合作"能源安全新战略，其中对"能源体制革命"提出了具体要求，即："推动能源体制革命，打通能源发展快车道。坚定不移推进改革，还原能源商品属性，构建有效竞争的市场结构和市场体系，形成主要由市场决定能源价格的机制，转变政府对能源的监管方式，建立健全能源法治体系。"这为能源领域完善政策体制、推出改革举措明确了方向。

河北贯彻落实习近平法治思想、习近平生态文明思想，以能源安全新战略为指引，通过对"十三五"规划实施后评估，正视河北能源发展存在难点堵点交织的困境与能源绿色低碳转型的形势、满足经济社会发展对能源刚性需求的任务，认真分析河北能源发展在能源体制机制建设方面存在的问题，深刻意识到"能源体制革命"迫在眉睫、势在必行。十年来，河北坚持有效市场和有为政府相结合，在能源体系规划、市场建设、价格改革、制度完善、保障供给、平台搭建等方面综合发力，持续推进能源体制改革，为河北经济社会发展、绿色生态转型、能源升级高质量发展构筑了坚实的法治保障。

（一）能源发展路径逐渐清晰

随着对"四个革命，一个合作"能源安全新战略认识的不断加强和贯彻落实的逐步深入，河北在对本省"十三五"发展规划评估的基础上，结合新时代党和国家新的发展要求，2021年印发《河北省"十四五"能源发展规划》，明确提出建设清洁低碳、安全高效的现代能源体系目标，确立了河北能源工作思路：以满足经济社会发展和人民群众清洁用能需求为目的，以推动建设"六大体系""八大工程"为着力点，完善能源产供储销体系，增强能源供应安全稳定性，提升风险管控水平，大力挖掘可再生能源开发潜力，积极构建新型电力系统，推动清洁能源规模化消纳，促进能源利用各环节节能减排提效，加快能源领域科技创新和体制机制改革，努力构筑现代能源体系。

为贯彻落实"双碳"目标，2022 年河北省委、省政府联合出台《关于完整准确全面贯彻新发展理念认真做好碳达峰碳中和工作的实施意见》，明确了分三步走的发展思路：以经济社会发展全面绿色转型为引领，以能源绿色低碳发展为关键，以科技和制度创新为动力，着力调整优化产业结构、能源结构、交通运输结构，实施重点行业领域减污降碳和可再生能源替代行动，加快形成节约资源和保护环境的产业结构、生产方式、生活方式、空间格局，坚定不移走生态优先、绿色低碳的高质量发展道路。

2022 年 6 月河北省政府向全社会发布了《河北省碳达峰实施方案》，在"能源绿色低碳转型行动"方案中，提出了"大力削减煤炭消费、加快发展可再生能源、积极发展氢能、合理调控油气消费、加快建设新型电力系统"五条发展路径，同时在确定"十四五"期间目标基础上，提前公布了"十五五"目标：到 2030 年，煤炭消费比重降至 60% 以下，非化石能源消费比重达到 19% 以上，单位地区生产总值能耗和二氧化碳排放在 2025 年基础上继续大幅下降。

2023 年，河北省在对"十四五"发展规划进行中期评估、把握国家"十四五"规划中期调整契机，完成"十四五"能源规划中 4 项约束性指标、13 项预期性指标修订，积极争取 20 项重点电网工程项目增补列入国家电力规划，向国家提出抽水蓄能、海上风电、海兴核电等 7 项规划调整建议，得到支持、吸纳，协同北京市、天津市发展改革委共同编制印发《京津冀能源协同发展行动计划（2023—2025 年）》，研究提出 2024 年能源领域协同发展重点任务，全力推动京津冀能源高质量协同发展。2023 年同步起草了《河北省加快建设新型能源强省行动方案（2023—2027 年）》，确定了发展思路与目标：抓住能源革命机遇，大力优化能源结构，推进抽水蓄能电站项目建设，协同发展光伏、风电、氢能，安全有序发展核电、海上风电，积极争取清洁高效煤电项目，因地制宜推进生物质发电、地热利用，形成"风、光、水、火、核、储、氢"多能互补的能源格局，用 5 年时间实现全省电力供需基本平衡，坚强智能电网建设水平实现新提升，新型电力系统初见雏形，新型能源产业成为河北现代化建设的重要支撑。并分年度、以多项数据、从多个维度，量化列出 2025 年、2026 年、2027 年年度工作计划与考核要求。

"十四五"期间，根据能源发展形势任务要求与指导实际工作需要，河北省分别制定了煤炭、石油、天然气、电、清洁能源等多项专项发展规划与《河北省开发区分布式新能源高质量发展推进方案》等实施方案。为鼓励水电、可再生能源、储能、负荷侧综合能源发展，加强新型源、网、荷、储建设，与时俱进制定了河北省氢能产业发展"十四五"规划、《河北省氢能产业安全管理办法（试行）》。同时，为了适应新型能源体系建设与新型电力系统，制定了《河北省"十四五"新型储能发展规划》《全省电源侧共享储能布局指导方案（暂行）》等多项发展指导意见。

能源指导政策与时俱进，能源规划体系不断优化，能源发展路径逐步清晰，能源管理走向法治化。"十四五"期间，河北制定出台了宣传实施能源发展规划、专项实施方案与发展指导意见等法治管理方式，明确了能源发展工作思路、新型能源体系建设路径、可再生能源工作标准、产业结构调整时间进度表与各行各业绿色低碳转型高质量发展路径，以推动经济社会高质量发展为主题，以政府输出方针政策、法律法规与体制机制等方式深化供给侧结构性改革，以满足经济社会发展和人民对美好生活追求的多元用能需求为根本目的，加快现代能源体系建设，推动中国式现代化河北篇章加快建设。

（二）能源市场改革逐步推进

在能源安全新战略提出后，2016年11月，国家能源委员会工作会议提出，要深入推进能源市场化改革，并从理顺能源价格体系、深化能源国企改革、支持民营经济进入能源领域等方面提出了具体内容。2016年12月，《能源生产和消费革命战略（2016~2030）》提出，围绕"推动能源体制革命，促进治理体系现代化"，提出四个方面的重点举措。2017年，国家能源主管部门制定《能源体制革命行动计划》，布局了能源体制革命四大类共14项主要任务。河北省委省政府强调在能源领域市场化改革推进过程中，一边要统筹能源安全与能源保供，一边要充分发挥法治对能源发展的引领、规范和保障作用，持续推动政府能源治理能力和治理水平现代化。

党的十八大以来，党和国家把"全面深化改革"纳入"四个全面"国家战略布局，把部署"全面深化改革"任务同统筹推进"五位一体"总体布局相对应，推动市场经济体制改革全面发力、多点突破、蹄疾步稳、纵深推进，攻克了一系列体制机制难关。与此同时，能源体制机制改革也逐渐拉开大幕，随着统一开放、竞争有序的现代能源体系逐渐形成，能源发展方式由深度垄断、政府实施项目审批制为主，按照放、管、服思想理念，向战略、规划、政策、标准、监管、服务并重加快转变。为此，煤、油、气、电、核、水、可再生能源等重点能源领域的市场化改革加快向纵深推进，推动现代能源治理体系向主要依靠市场优化资源配置转变，推动现代能源治理方式逐步转向法治化。河北省委、省政府深刻意识到能源体制革命担负的使命与责任，紧跟国家能源体制改革步伐，努力还原能源商品市场属性，与时俱进在煤、油、气、电、核、水、可再生能源等重点能源领域制定了一系列指导意见，把政府有形手的作用与市场无形手的力量有效结合，确保市场竞争有序、市场调节有效，为建设高水平能源市场体制机制保驾护航。

　　煤炭领域。根据河北"富煤"的能源资源禀赋情况，河北实施全国性、区域性和地方性煤炭交易市场并行模式，现货市场、期货市场均建成并逐步完善。2020年，全国煤炭交易中心正式运营，为河北煤炭企业的中长期合同签约、履约、现货挂牌、竞价等业务提供了广阔平台，为煤炭产运需衔接搭建了交流平台。区域性煤炭交易市场建成，加快了煤炭资源高效配置和运输流通。目前，煤炭价格主要由市场供需与交易情况决定，市场价格形成机制引导煤炭价格在合理区间运行，"中长期合同制度"和"基础价+浮动价"定价机制有效保障了煤炭市场供需平衡和稳定运行。目前，河北省正全面推进煤电升级改造工程，实施的煤改电、煤改气、煤改综合能源等引导政策，使煤炭开采与消费均降低。煤与电价通过市场化方式有效传导机制正在积极引导煤电逐步向提供灵活调节和兜底保供的基础性电源转变，煤电企业正在组织在役机组实施灵活性改造升级，或部署CCUS技术，确保完成2024年度全部改造任务，持续降低全省供电煤耗水平，提升应急备用和调峰电源能力。帮助推动河北省能源发展规划中能源企业转型发展。煤炭储运体系建成，运行状况有效保障。河北在强化能源安全保障、提升运行安全水平、加强应急安全管控的前提下，正在推动煤炭清洁高效利用，煤炭清洁高效开发利用技术被列入科技创新示范工程、煤制油气被列为重大工程。在能源安全新战略指引下，做好煤炭清洁化，做好产能布局，是河北保障能源安全的最大底线。

　　油气领域。河北积极稳妥推进油气行业上、中、下游体制机制改革，"上游油气资源多主体、多渠道供应，中间统一管网高效集输，下游销售市场充分竞争的油气市场体制机制"体系已成型。油气矿业开采权竞争性出让市场机制已取得明显进展，以三大国有石油公司为主导、多种经济主体共同参与的市场格局逐步形成。油气管网运营体制机制改革进展显著，正在积极推动油气管网设施运营企业公平公正、无歧视地向符合开放条件的用户提供服务。国家层面，2018 年原油期货正式在上海国际能源交易中心挂牌交易，2019 年国家石油天然气管网公司成立，"全国一张网"迈出关键一步。2020 年"双碳"目标的提出给油气企业减碳提出挑战，油气公司均推出 2030 年前碳达峰实施方案。2021 年原油期权正式挂牌交易，上海石油天然气交易中心等多个油气交易平台建成运行。油气交易场所、交割库等市场基础设施布局持续优化，油气现货期货产品体系不断丰富。油气价格改革稳步推进。成品油价格形成机制不断完善，在调价周期、挂靠品种、幅度限制等方面进行优化调整。目前，天然气价格改革蹄疾步稳，上游气源、液化天然气、页岩气、煤层气、煤制气，以及直供用户用气、储气设施购销气的价格和进入交易中心公开交易的天然气价格已由市场机制形成，非居民用气价格也基本理顺。河北省的油气交易活动，特别是地热采矿权的出让和交易，主要通过唐山市公共资源交易中心进行。截至 2023 年，河北全面增强油气省级干线与国家气源干线联通能力，推动中俄东线南段、蒙西管道、唐山 LNG 接收站及配套外输管线等主体工程建成完工，加快新天 LNG 接收站及外输管道建设，推进省级干线、支线项目建设，促使天然气管输能力达到 1.4 亿立方米/日，"县县通"覆盖率达 90%。

电力领域。河北已建立起涵盖中长期、现货、辅助服务等交易品种的电力市场交易体系，河北电力中长期市场在全国范围内常态化运行，已成为电力市场体系的重要组成部分。近年来，中长期市场的交易规模和交易电量占比不断提高，交易周期从多年到多日均有覆盖，对于平衡长期供需、稳定市场预期发挥了重要作用。河北电力现货市场试点积极稳妥推进并逐渐扩围，目前开展了 2 批共 14 个现货市场试点，现货市场发现实时价格的作用逐步显现。电力辅助服务市场持续完善，建立了调峰、调频、备用等辅助服务市场机制，更好地体现了灵活调节性资源的市场价值。多层次电力市场体系有效运行，不同层次市场的相互耦合和有序衔接不断加强；跨省跨区中长期市场、省间现货市场有效支撑电力资源在更大范围优化配置和互济保供，满足了河北外购电的需求，破解了河北能源不足的燃眉之急。河北绿电绿证交易市场稳步建设，2017年绿证核发和自愿认购制度试行，此后绿证制度不断完善。2021年绿电交易试点正式启动，市场活跃度不断增强。

清洁能源领域。河北在全国率先制定实施省级新能源发展促进条例，配套出台《关于加强风电、光伏发电储备类项目管理工作的通知（试行）》等5项政策性文件，初步形成支持新能源发展的"1+N"政策体系。《河北省氢能产业发展三年行动方案（2023—2025年）》《关于加快构建全省高质量充电基础设施体系的实施意见》《加快推动农村地区充电基础设施建设　促进新能源汽车下乡和乡村振兴实施意见》等一批政策文件印发实施，确保改革政策措施的落实等意见与建议。

河北以出台新政策、新法规鼓励新能源发展，吸引社会资本，大力发展集中式与分布式新能源，为新能源发展提供有力的法治保障。通过制定1+N碳达峰实施方案，发挥金融杠杆与双控考核指挥棒作用，有序规范引导各行各业绿色低碳用能。以能源法治体系建设完善，打通新能源发展快车道。以新型能源体系规划与新型电力系统构建为载体，统筹源、网、荷、储各方平衡发展，统筹传统能源与清洁能源互济发展，针对能源行业发展中出现的新问题、新矛盾，因地制宜创新举措，及时制定政策以鼓励、支持、引导、规范新能源发展。制定生态保护方针政策、体制机制、法律法规，吸引社会各行各业绿色低碳发展。鼓励负荷侧客户端整合分布式光伏、分布式风电、浅层地热等形成综合能源，鼓励整县屋顶光伏、虚拟电厂、微网、小微网发展，从能源供给与能源消费双侧同时发力，推动能源体制革命，打通新能源发展快车道。

另外，河北高度重视能源立法工作。推动《电力法》修正案、《可再生能源法》修订案列入十四届全国人大常委会立法规划。加强规章规范性文件管理。全面开展规章和规范性文件"立改废"，进一步完善行业管理制度。组织开展规范性文件集中清理，废止 51 件不再适用的规范性文件。全年对 9 件规章、14 件规范性文件严格进行合法性审核和公平竞争审查，确保文件内容合法有效。

为推进能源供给侧结构性改革，河北省在能源发展方面制定了一系列政策、法规，与时俱进立改废、制修订补。以政策、法规为载体，既发挥了政府有形手的作用，又激活了市场无形手的力量，推动了能源结构优化升级，确保了能源安全供给，满足人民的美好生活用能需要，保障了经济社会发展用能需要，促进了经济社会绿色低碳高质量转型发展，营造了新型能源强省建设的良好局面。

（三）绿色低碳共识全社会逐渐形成

2020 年 9 月，习近平主席代表中华人民共和国在第 75 届联合国大会上通过互联网向全世界人民宣布：中国将于 2030 年前实现"碳达峰"，2060 年前实现"碳中和"。双碳目标的提出，对我国各行各业每个企业的生产、每个公民的生活都提出了绿色低碳要求。目前，国家层面制定了"1+N 碳达峰"政策体系，并将全国碳排放权交易市场这一碳汇机制作为落实"碳达峰""碳中和"目标的重要政策工具，作为推动绿色低碳发展的重要引擎。2014 年联合国 IPCC 组织要求在北、上、广、深等七个城市开设七个省级碳排放交易市场试点。全国碳市场于 2017 年开始正式建设，2021 年 7 月 16 日开市，经历两个履约周期，现已进入第三个履约周期。截至第二个履约期，共纳入发电行业重点排放单位 2257 家，覆盖年二氧化碳排放量约 51 亿吨（约占我国碳排放总量的四成），是全球覆盖温室气体排放量最大的碳市场。2023 年 4 月 24 日，全国碳市场收盘吨价首次破百元，较 2021 年 7 月全国碳市场开市时的 48 元/吨上涨超过 100%。河北省碳排放交易中心正在紧锣密鼓建设中。

　　为增强绿色低碳的全社会共识，2023 年 2 月河北出台了《美丽河北建设行动方案（2023—2027 年）》，该方案强调要牢固树立和践行"绿水青山就是金山银山"理念，统筹产业结构调整、污染治理、生态保护、应对气候变化，协同推进降碳、减污、扩绿、增长，以标志性行动全力打造中国式现代化河北场景。并提出奋斗目标：实现全省生态环境根本好转，国土空间开发保护格局全面优化，绿色生产生活方式广泛形成，生态文明全面提升，生态安全更加稳固，生态环境治理体系和治理能力现代化基本实现，美丽河北建设目标基本实现，绿色发展方式和生活方式全面形成，重点领域实现深度脱碳，生态环境健康优美，天蓝、地绿、水秀的美丽河北全面建成。为此，河北制定了一系列方针政策与法律法规、专业标准，持续完善服务监管体系以推进能源绿色低碳转型。在进一步加强生态保护法治管理与引导的基础上，进一步健全能源绿色低碳转型协同管理机制，推进能源技术革命以提升能源产业创新发展能力、提升能源转化效率，构建前瞻性能源领域碳排放治理体系等，作为推进绿色发展、实现人与自然和谐共生相关的地方法规内容。同时组织开展河北省域生物多样性保护、应对气候变化等方面制度研究和建设。及时制修订重点流域、重点行业、重点领域污染物排放标准和技术规范。完善绿色低碳发展的经济政策，在财政、税收、价格、金融等方面支持绿色低碳、美丽河北建设。

1. 能源产业与生态环境融合发展

　　继续优化煤炭产能布局，加快退出环境脆弱和生态水源涵养地区煤炭开发。推进煤矿绿色生产和生态修复，加强煤矿沉陷区综合治理。强化煤矿副产品综合利用，扩大矸石在发电、建材、筑路等方面利用规模，提升矿井水循环利用水平。因地制宜发展"光伏+"综合利用模式，推动林光互补、农光互补、渔光互补等，实现太阳能发电与相关产业协同发展。开发已枯竭或无开采价值的油气田、煤层的二氧化碳地质封存潜力。

2. 能耗"双控"和碳"双控"统筹落实

科学分解能耗"双控"目标，强化责任落实，加强产业布局和能耗"双控"政策有效衔接，推动能源要素市场化优化配置。以化石能源为重点控制能源消费总量，探索开展用能预算管理，建立以扩大可再生能源消费规模和占比为导向的能源消费总量弹性管理机制。严控能源消费强度，强化重点用能单位节能管理，加强固定资产投资项目节能审查。落实国家要求，积极参与全国碳排放交易市场建设，创造条件推动能耗"双控"向碳排放总量和强度"双控"转变。把节能贯穿于生产生活各领域和全过程，倡导绿色生活方式和消费文化，营造"低碳、环保、节能"社会新风尚。确保完成国家下达的"十四五"能耗双控目标任务。

3. 高碳能源减量替代加快推动

以钢铁、化工、水泥、玻璃等行业为重点，探索制定重点行业绿色低碳发展路线图，大力实施工业节能低碳技术改造，每年优选一批项目列入省级千项技改计划，逐步降低高耗煤行业用煤总量和强度。坚持散煤综合治理，落实煤炭消费等（减）量替代，严格控制新建耗煤项目。依托炼油产业升级，全面推进高品质成品油消费。加快推广新能源和清洁能源在城市公交、出租汽车、城市配送、邮政快递、铁路货运、水运、机场等领域的应用，推进石油消费替代，降低石油消耗规模。结合新型城镇化和乡村振兴战略实施，积极稳妥扩大天然气利用规模，在重点领域推动以气代煤、以气代油，优先保障民生用气，同步拓展公共服务、商业、交通用气，推进天然气在城镇燃气、工业燃料、交通燃料、燃气发电等领域的高效利用。

4. 重点领域节能降碳管理取得成效

建筑领域，提高星级绿色建筑比例，提升建筑节能标准，统筹推进具备改造价值和条件的既有建筑实施节能改造，推动低碳建筑规模化发展。交通领域，发展绿色交通运输，大力推进多式联运，开展省级优先发展公共交通示范城市创建工作，推广应用新能源公共交通工具。工业领域，加强先进节能工艺和技术推广，推动钢铁、焦炭、建材等高耗能行业转型升级，强化能源循环梯次利用；加快推进资源循环利用基地建设和园区循环化改造，提高行业能源利用效率；推进现役煤电机组综合节能改造，提升电力工业用能效率。加强余热余压及工业副产品等能源资源回收和综合利用。

5. 电能替代支持力度加强

以居民采暖、公共建筑、生产制造、交通运输为重点，扩大电力消费，提升电气化水平。推广应用电蓄热、电蓄冷设备和热泵等节能高效新技术新设备。扩大电锅炉、电窑炉技术在工业领域的应用，推广靠港船舶使用岸电和电驱动货物装卸，支持空港陆电等新兴项目推广，加快提升电动汽车充电服务能力，促进电力负荷移峰填谷。

河北在能源法治政府建设方面还存在市场规划配置决定性作用发挥不足，电力、天然气交易有待完善，在能源统筹规划、互联互动协同保障、产业互补等方面有待加强。需要坚持以制度建设为主旨，以秉承系统观念为原则，在新征程上更好发挥法治固根本、稳预期、利长远的保障作用，把法治思维和法治方式贯穿到能源管理工作的全流程、各环节，助力法治河北建设走在全国前列。

二　分布式光伏参与电力市场机制研究

1. 分布式光伏入市必要性分析

（1）政策层面

新能源发展方面：2023 年 10 月 12 日，国家发改委办公厅、国家能源局综合司发布的《关于进一步加快电力现货市场建设工作的通知》（发改办体改〔2023〕813 号）提出，"分布式新能源装机占比较高的地区，推动分布式新能源上网电量参与市场，探索参与市场的有效机制"，依托市场机制促进产业可持续发展的共识正在逐步凝聚。

市场化方面：2021年9月22日，中共中央、国务院发布的《关于完整准确全面贯彻新发展理念做好碳达峰碳中和工作的意见》（中发〔2021〕36号）指出，推进电网体制改革，明确以消纳可再生能源为主的增量配电网、微电网和分布式电源的市场主体地位。从有利于节能的角度深化电价改革，理顺输配电价结构，全面放开竞争性环节电价。

2022年1月18日，国家发改委、国家能源局发布的《关于加快建设全国统一电力市场体系的指导意见》（发改体改〔2022〕118号）指出，提升电力市场对高比例新能源的适应性。严格落实支持新能源发展的法律法规和政策措施，完善适应高比例新能源的市场机制，有序推动新能源参与电力市场交易，以市场化收益吸引社会资本，促进新能源可持续投资。要求到2030年新能源全面参与市场交易。

2024年3月18日，国家发改委发布的《全额保障性收购可再生能源电量监管办法》指出，可再生能源发电项目的上网电量包括保障性收购电量和市场交易电量，并明确各部门职责。其中，电网企业应组织可再生能源发电企业、售电企业和电力用户等电力市场相关成员，确保可再生能源发电项目保障性收购电量的消纳；电力交易机构应组织电力市场相关成员，推动可再生能源发电项目参与市场交易；电力调度机构应落实可再生能源发电项目保障性电量收购政策要求，并保障已达成市场交易电量合同的执行。

2022年9月27日，为规范分布式光伏有序接入和运行安全，河北省发展改革委出台《关于加强屋顶分布式光伏发电管理有关事项的通知》（冀发改能源〔2022〕1243号），规范了屋顶分布式光伏建设全环节的技术要求和开发报装模式，明确了按季度公示可开放容量等9项管理措施，要求按照各级主配变接入光伏容量不超过80%和

220 千伏不反送为条件组织受理、并网。

2022 年 12 月 13 日，为保障电网运行和民生采暖安全，河北省发展改革委印发《关于做好春节等特殊时段河北南部电网安全稳定运行工作的通知》（冀发改运行〔2022〕1559 号），明确了春节等特殊时段分布式光伏参与调峰支持政策。

（2）技术和价格层面

完善电表计量采集系统，具备观测能力。当前，河北南网户用和商用分布式光伏计量表计和采集系统已经全部实现每天 96 点电量数据采集，具备可观、可测能力。

完善调控技术手段，实现多种远程控制。一是表计刚性直控模式。对于户用分布式光伏运行容量 20 千瓦以下且采用开关内置电能表的用户，利用电能表内置开关和费控功能实现刚性控制，无须额外投资。二是"表计+开关"刚性控制模式。户用光伏运行容量 20 千瓦及以上的用户，将原有表后开关更换为光伏保护开关实现刚性控制，具备防孤岛、过欠压保护、过流过载保护和自动重合闸等功能。三是"协议转换器+光伏开关"刚柔一体化控制模式。工商业光伏用户增加协议转换器和光伏开关两种设备，实现了对分布式光伏并离网、发电出力（有功/无功）、功率因数等的刚控、柔控，支持各项保护功能及动作事件主动上报。户均改造成本仅约 550 元，具备了分布式光伏可调可控柔性控制能力。综上，从技术条件上分析，目前分布式光伏已经完全具备入市标准。

光伏组件价格下降，入市时机趋于成熟。光伏组件价格的持续下降，为分布式光伏提供了足够的利润空间。分布式光伏装机成本以 2.35 元/瓦（其中，光伏组件 0.85 元/瓦，逆变器 0.2 元/瓦，支架 0.25 元/瓦，其他设备 0.3 元/瓦；安装工程费 0.4 元/瓦，其他费用 0.35 元/瓦），户用平均装机容量 30 千瓦，年利用小时数 1000 小时，上网电价按 0.3644 元/千瓦时测算，建设成本为 7.05 万元，电费为

1.09 万元，6~7 年即可回收成本。

2. 分布式光伏入市途径设计

为避免产生大的价格波动，对光伏开发建设造成负面影响，同时为实现 2030 年分布式光伏全电量入市目标，可采用"先增量后存量、先商用后户用、先试点后推广"等原则逐步推动分布式光伏参与电能量交易与辅助服务市场。

在试点范围内，逐步扩大光伏发电入市比例，根据电网实际运行情况，逐步完善峰谷时段设置，扩大峰谷价差，进一步发挥市场化引导作用。未来，可根据现货市场运行规则，推动分布式光伏与集中式光伏共同参与现货交易。

（1）分布式光伏参与电能量交易

商用光伏。对于增量商用光伏，2024 年，以一定入市比例作为价格接受者参与电能量交易结算；2025 年，逐步提高入市比例，鼓励其参与电能量直接交易，对于暂不具备交易能力的主体，作为价格接受者参与电能量交易结算；2027 年，入市比例进一步增加到与集中式光伏相同，除直接入市参与市场以及作为价格接受者参与市场外，推动分布式光伏以聚合方式参与直接交易，进一步扩大绿电供给水平；2030 年，全电量参与电能量交易。对于存量商用光伏，2027 年，与集中式光伏同比例参与电能量交易，对于暂不具备交易能力的主体，作为价格接受者参与电能量交易结算；2030 年，全电量参与电能量交易，并鼓励聚合商参与交易。

户用光伏。对于增量户用光伏，2027 年，与集中式光伏同比例、作为价格接受者参与电能量市场；2030 年，全电量作为价格接受者参与电能量市场。对于存量户用光伏，2030 年，全电量作为价格接受者参与电能量市场。

（2）分布式光伏参与辅助服务市场

商用光伏。对于增量及存量商用光伏，均于 2025 年与集中式光伏按相同规则承担辅助服务费用。

户用光伏。对于增量户用光伏，于 2025 年与集中式光伏按相同规则承担辅助服务费用。对于存量户用光伏，于 2027 年与集中式光伏按相同规则承担辅助服务费用。

三 新型储能参与电力市场机制研究

1.新型储能品种特征

新型储能是除抽水蓄能电站之外以输出电力为主要形式，并对外提供服务的储能类型。从电力系统运行作用来看，在负荷高峰时段，新型储能可满足用户负荷尖峰需求，提升系统运行效率。在负荷快速波动时段，可跟踪系统调度指令快速充放电，提升系统运行的稳定性。在风电、光伏等电力占比较高的系统中，储能还可作为虚拟同步机向系统释放虚拟惯量，提升系统抗干扰能力。相比天然气调峰电站、抽水蓄能电站等传统灵活性资源，以电化学储能为代表的新型储能技术具有建设周期短、响应速度快、调节精度高等优点，是电力系统理想的调节手段。根据能量转换方式的不同可以将新型储能分为物理储能、电化学储能和其他储能方式。

2."十四五"以来河北省新型储能政策梳理

2020 年 10 月，华北能监局印发《关于征求第三方独立主体参与河北南网电力调峰辅助服务市场方案与规则意见的函》，拟在河北南部电网开展第三方独立主体参与电力调峰辅助服务市场试点，提升风电、光伏等新能源消纳空间。文件明确第三方独立主体包括储能装置、电动汽车（充电桩）、电采暖等负荷资源，可按照经营主体独立参与市场，也可通过聚合的方式，由聚合商代理参与市场，虚拟电厂作为第三方独立主体参与市场。其中，第三方独立主体约定时段调节容量不小于 2 兆瓦，调节总量不低于 2 兆瓦时。

2021年10月，华北能源监管局印发《河北南网电力辅助服务市场运营规则》，进一步明确了储能装置、电动汽车（充电桩）、电采暖以及其他电力柔性负荷资源等第三方独立主体可按照经营主体独立参与市场；也可通过聚合的方式，由聚合商代理参与市场。

2022年10月，河北南网首个纳入调度的新能源配套储能项目——河北衡丰电厂中湖光伏电站配套建设的2.2兆瓦、2小时电化学储能项目完成72小时满功率试运行，转入正式运行，标志着河北南网"新能源+储能"进入了实用化阶段。

2022年6月印发的《河北南部电网现货电能量市场交易实施细则（征求意见稿）》，将独立储能列入了现货市场成员。明确在竞价日9：45前，独立储能等新兴市场主体通过电力交易平台完成运行日电能量市场或调频辅助服务市场交易申报。参与电能量市场时，独立储能等新兴市场主体申报次日96点充/放电（发/用电）曲线、不申报价格，作为市场价格接受者，参与日前现货市场出清。如未申报，则全天按零出清。

同期印发的《河北南部电网辅助服务市场交易实施细则（征求意见稿）》，明确了参与调频市场的独立储能充电功率不应低于10兆瓦，持续充电时间不应低于2小时；独立储能、虚拟电厂等新兴市场主体需申报参与调频服务价格、意愿时段和调频出力基值。独立储能、虚拟电厂等新兴市场主体如未申报，视为不参与次日调频市场交易。

2022年12月23日，河北南部电网正式启动多市场主体参与的电力现货市场模拟试运行。2023年9月18日，河北南部电网电力现货市场为期6天的首次结算试运行结束。目前发电侧以燃煤火电机组和集中式新能源场站为主，用户侧主要为区域内售电公司及批发用户，储能暂未参与市场。

2023年10月31日印发的《2024年河北南部电网独立储能参与电力中长期交易方案》提到，独立储能主体建成并网完成市场注册后，即可开展容量租赁，最大可出租年限暂定为 15 年。此外，独立储能主体参与市场化交易最大充放电功率不低于 10 兆瓦，调节容量不低于 20 兆瓦时，持续充（放）电时间不低于 2 小时。独立储能容量租赁交易包括双边协商交易、集中交易等方式，通过河北电力交易平台开展，需配建储能的新能源企业为购方。

2024 年 1 月 27 日印发《河北省发展和改革委员会关于制定支持独立储能发展先行先试电价政策有关事项的通知》。一是明确独立储能容量电费补偿标准。容量不低于 10 万千瓦、满功率放电时长不低于 4 小时、在 2024 年 12 月 31 日前并网发电的独立储能，根据全容量并网时间，可通过竞争方式获得 50 元~100 元/千瓦·年不等的容量电费。二是明确独立储能容量电费分摊方式，将容量电费纳入系统运行费，由全体工商业用户按月分摊。三是明确独立储能参与竞争的容量规模。独立储能容量电费为临时性支持政策，有效期为 12 个月。2024 年河北南网参与容量电价竞争的独立储能容量规模为 300 万千瓦、冀北电网为 270 万千瓦。四是明确独立储能充放电价格政策。独立储能电站向电网送电的，其相应充电量不承担输配电价、系统运行费用和政府性基金及附加，不执行功率因数考核，按规定承担上网环节线损费用。五是明确独立储能商业运营后入市要求。进入现货市场前，独立储能充、放电原则上分别作为发电和用电市场主体参与中长期交易；进入电力现货市场后，独立储能电站用电和上网电价按照现货市场规则结算。

3. 新型储能参与电力市场的主要模式和进展

参与电力市场是储能最为常见的商业模式，我国已通过发布相关指导意见确定储能电站的独立市场主体地位，允许储能电站公平参与各类细分市场，逐步完善市场机制并制订体现各类资源价值的按效果付费补偿机制，为储能电站与其他资源公平同台竞价提供制度保障。总体来看，储能电站参与电力市场的类型主要包括电能量市场、辅助服务市场以及容量市场等。

4. 河北南网新型储能参与电力市场机制设计研究

（1）参与主体的界定

新型独立储能。根据国家发改委发布的《关于进一步推动新型储能参与电力市场和调度运用的通知》，独立储能应具备以下三项基本条件。一是具备独立计量、控制等技术条件。二是接入调度自动化系统可被电网监控和调度。三是符合相关标准规范和电力市场运营机构等有关方面要求并具有法人资格。若新能源配建储能具备与独立储能同等技术条件，可转为独立储能，作为独立主体参与电力市场。对于多种储能类型的联合体，比如飞轮储能+化学电池、飞轮储能+压缩空气的储能联合体，若整体参与单一类型市场，采用整体计量方式；若其中不同类型储能设备参与不同类型的市场，建议按照每一类储能分表计量，单独核算。

以配建形式存在的新型储能可通过三种方式参与市场交易。一是通过技术改造满足同等技术条件和安全标准时，可选择转为独立储能项目，参与电力市场，涉及风光水火储多能互补一体化项目的储能，原则上暂不转为独立储能。二是与所属电源联合参与电力市场，在完成站内计量、控制等相关系统改造并符合相关技术要求的情况下，与所配建的其他类型电源联合并视为一个整体联合参与市场，利用储能改善新能源涉网性能，保障新能源高效消纳利用。三是随着市场建设逐步成熟，若配建储能与所属厂站满足独立容量与联合容量的单独计量，则可探索同一储能主体按照部分容量独立、部分容量联合两种方式同时参与的市场模式。

若聚合商聚合的分布式储能符合独立储能定义，则可作为独立储能参与市场。文件未明确聚合商聚合的分布式储能是否为独立储能，但从提升新型储能利用水平的导向上和独立储能的定义上，小容量且分散的储能通过聚合，符合独立储能定义的，应可作为独立储能参与市场交易。相关地方文件中，南方区域 2022 年 6 月"两个细则"中未明确该定义，但官方问答解释中指出"考虑到独立储能电站运行成本较高，鼓励小容量且分散的储能聚合成为直控型聚合平台，包含负荷聚合商、虚拟电厂等形式"。华北能监局印发的《第三方独立主体参与华北电力调峰辅助服务市场规则（试行 2020 版）》指出："分布式储能、电动汽车（充电桩、充换电站）、电采暖、虚拟电厂（可控负荷）等第三方独立主体可独立参与调峰市场；也可通过聚合的方式，由聚合后第三方独立主体代理参与调峰市场。"从容量和充放电市场来看，参与电能量市场的充电功率应不低于 5 兆瓦，充电时长不低于 2 小时；参与调频（二次调频）市场的充电功率应不低于 10 兆瓦。

（2）主要电力市场类型推进路径

①电能量市场

推进阶段建议。第一阶段，独立储能自愿参与中长期交易市场，以报量不报价方式参与现货市场交易。从当前市场情况分析，储能的充放电周期以小时为单位，与现货交易契合度较高；中长期交易合同按月度分时段签订，不利于充分发挥新型储能充放电决策的灵活性特性，建议初期采用自愿参与中长期市场；考虑目前独立储能规模较小，对市场价格影响较小，建议采用报量不报价方式参与现货市场出清。第二阶段，当独立储能容量超出一定规模后，电力现货市场以"报量报价"或"报量不报价"方式参与现货电能量市场，同时申报充放电运行上下限、存储电量状态 SoC 等，按市场价格机制及交易规则进行结算，与其他市场主体同台竞争。当电网供需宽松时，储能电站在放电电量执行发电侧结算电价，充电电量执行用户侧结算电价；供应紧张时，储能电站由调度机构统一调度，按实时市场最高出清价进行结算，充分发挥储能移峰填谷和顶峰发电的作用。第三阶段，进一步细化储能的交易模式，可考虑采取 5

分钟的结算机制。通过反映极端供需紧张时段内能量的尖峰价值，储能可进一步发挥快速响应、容量支撑作用，增加在市场中的套利机会。

推进模式建议。探索分布式储能参与现货市场机制。分布式可再生能源是未来中国重要的能源发展方向，分布式储能作为其配套，对于配电网实时平衡、自主调峰具有重要作用。一是针对分布式储能可引入综合资源提供者的市场主体身份，简化储能在电力市场中的注册流程，更好地将储能等双向资源融入电力市场。二是可开展聚合商聚合分布式资源的试点项目，在实践中探索发展商业模式，帮助批发侧市场更好地利用分布式储能资源。三是提高利益相关方参与市场的清晰度和透明度，为参与者创造更公平的竞争环境。推动联合储能参与模式。新能源自建储能存在利用率低、没有经济性、存在安全隐患、盈利模式无法拓展等问题，集中建设共享储能电站，可以发挥促进新能源消纳、减少旋转备用、顶高峰负荷、提供紧急功率支撑等多重作用。针对采用租赁共享储能方式的新能源企业，可考虑保证其电量优先并网、优先消纳等鼓励措施。

②辅助服务市场

推进阶段建议。第一阶段，在中长期交易模式下，现货市场未建立前，沿用调峰辅助服务的相关机制。第二阶段，在现货交易模式下，调峰辅助服务与现货市场融合，考虑对用户电价的影响以及电网运行调整需求的迫切度，先行建立调频辅助服务市场。调频辅助服务提供方可同时参与调频辅助服务市场和现货电能量市场，调频辅助服务市场优先于现货电能量市场出清。第三阶段，随着可再生能源比例的增加，根据未来新型电力系统的需要适时考虑增加新的辅助服务品种。如建立以新型储能为主体的快速调频、爬坡、惯量支撑、备用等辅助服务市场，更好地发挥新型储能灵活性的优势，进一步拓展新型储能市场空间和收益。

推进模式建议。针对准入门槛，较高的最低容量要求方便市场出清计算调度，但打击了分布式等小容量储能参与市场的积极性。河北南网在电力市场建设初期可参考江苏、青海等地设计相对高的装机准入门槛（充/放电功率 10 兆瓦以上，持续时间 2 小时以上的储能电站），未来根据电力市场发展情况与实际需求，适时降低储能参与调频辅助服务市场的装机准入门槛。针对调频性能，一是可根据储能物理特点设置调节精度、响应时间、调节速率等调频性能指标，鼓励市场积极引入新型储能类优质的调频资源，以优化配置系统中的调频资源。二是充分考虑储能的实时荷电状态（SoC）来调整储能的报价策略。三是进一步采用日前报价、调度周期前 15 分钟排序、调度周期前 5 分钟再排序、实时调用的方式以使市场更能反映调频资源的可用状态。针对价格机制，考虑到调频辅助服务提供者提供的辅助服务的效果差异和价值，对价格进行调整设计，以充分反映储能参与调频的容量价值，并通过平衡类和容量类市场机制及价格机制，保障储能等灵活性资源的合理收益。

③容量市场

推进阶段建议。第一阶段，采用基于理论容量的补偿方式，以会计成本法初步测算储能的容量电价——储能电站可通过容量电费回收全部固定投资，容量补偿费用向用户侧收取，约 256 元/千瓦。第二阶段，采用有效容量的补偿方式，考虑为实际容量的容量补偿方式，以 2 小时充放电测算，约为理论容量的 1/6，即 42.75 元/千瓦。假定河北南网新型储能装机 100 万千瓦分摊到用户侧，其增加的度电成本增长 0.036%，可忽略不计。但未来随着新型储能装机容量的增长，以及储能成本的变化，对社会整体用电成本的影响需要重新进行评估。第三阶段，采用分时容量补偿机制。以价格信号帮助储能电站以更加灵活的方式参与现货市场，引导储能电站合理规划布局，参考山东省容量补偿分时峰谷系数经验，在河北南网容量补偿机制设计中进一步考虑引入不同季节容量补偿分时峰谷系数（见表5-1）。

表5-1　河北南网容量补偿分时峰谷系数设计

时段	谷段		峰段	
	时段	谷系数 K1	时段	峰系数 K2
冬季(12月、1月)	10:00~16:00	0.3	16:00~22:00	1.7
春季(2~5月)	10:00~15:00	0.3	17:00~22:00	1.7
夏季(6~8月)	2:00~8:00	0.3	16:00~22:00	1.7
秋季(9~11月)	10:00~15:00	0.3	16:00~21:00	1.7

推进模式建议。合理核算储能的容量价值。随着可再生能源比例不断提升，电网实际运行需要不同能量功率比的储能以应对不同持续时间的尖峰负荷。因此，需要差异化考虑不同能量功率比储能的容量价值，以取代无差别折价的方式。未来技术及市场条件成熟后，可考虑采用美国PJM的有效带负荷能力（ELCC）来衡量储能的容量价值——在系统可靠性指标不变的情况下，增加1兆瓦储能带来的尖峰负荷增量，实现容量价值的精确化核定。

5.调度模式推进路径

推进阶段建议。针对电力现货市场建设初期阶段，可考虑采取自调度模式，将储能电站申报的曲线作为日前市场边界条件并予以优先出清，但一般要求储能作为价格的"接受者"，"报量不报价"。储能电站自行管理SoC状态，自行保证运行的可行性。针对电力现货市场深化建设阶段，可考虑采取报价模式，新型储能项目公平参与市场交易。该模式主要适用于多时段耦合的日前/实时经济调度模型，系统经济可靠性保障、储能成本回收的能力相对较强。储能电站SoC状态自行管理。针对电力现货市场成熟完善阶段，可采用全调度模式或半调度模式，电力调度机构获得新型储能电站运营控制权，根据储能的物理参数特性，进行统一优化出清、调度规划和 SoC 管理，实现社会效益的最大化。

推进模式建议。当电网供需宽松时储能可采用自调度、报价、半调度等模式，根据其报价出清，当供需紧张或市场出清结果不满足电网运行实际时一般采用全调度模式，由调度机构统一调度，储能主体作为市场的"价格接受者"。此外，市场可考虑进一步开展容量使用权以及聚合商等模式，以实现储能的灵活运营委托，进一步发挥新型储能的价值与优势。

四 电力现货交易推进机制研究

1.电力现货市场进展情况

（1）建设目标

贯彻习近平总书记"四个革命，一个合作"能源安全新战略，坚持市场化改革方向，充分发挥市场在电力资源配置中的决定性作用，从河北南部区域经济社会和电力行业发展实际出发，坚持以问题为导向的市场机制设计原则，秉承激励相容的市场机制设计思路，构建涵盖电能量市场、辅助服务市场的完善市场体系，建立完善的市场运行配套机制，促进河北南部区域工业经济发展和产业结构调整。主要包括：逐步建立"中长期交易规避风险，现货市场发现价格，源网荷储多主体协同互动"的电能量市场；逐步开展源网荷储等多能源主体广泛参与、灵活互动的调频、备用等辅助服务市场。

（2）市场规则情况

根据现货市场规则，河北南网市场主体主要包括燃煤发电企业、集中式新能源发电企业、电力用户、售电公司及新兴市场主体。报价方面，发电企业通过"报量报价"方式，电力用户、售电公司通过"报量不报价"方式，新兴主体（独立储能等）初期通过"自调度"

方式参与现货市场，探索研究新兴主体通过"报量报价"方式参与现货市场。出清方面，日前和实时电能量市场均采用全电量竞价、集中优化出清的方式，以全社会用电成本最小化为目标，利用安全约束机组组合（SCUC）程序、安全约束经济调度（SCED）程序进行出清。日前市场采用"金融出清+可靠性出清"的出清机制，即金融出清结果用于结算，可靠性出清确定实际执行的机组组合和日前发电计划。调频辅助服务市场采用顺序出清方式，在日前电能量市场机组组合确定后按照"价格优先、性能优先"原则出清次日调频机组序列。结算方面，采用双偏差结算方式，即中长期合同电量按照合约价格结算，日前市场与中长期合约电量偏差采用日前市场价格结算，实时市场与日前市场电量偏差采用实时市场价格结算。运营费用方面，主要包括市场补偿费用（机组启动费用、特殊机组补偿费用）、调频辅助服务费用和市场不平衡资金（发用两侧差额资金、发用两侧中长期交易偏差收益回收、用户侧日前申报偏差收益回收、退补联动电费等）。按照"谁受益、谁承担"的原则，市场补偿费用在用户侧分摊，调频辅助服务费用暂在发电侧分摊，市场不平衡资金在发用两侧分摊和返还。

（3）现货市场试运行情况

截至 2023 年底，河北南网现货市场已成功组织开展 4 次模拟试运行、2 次调电试运行和 2 次结算试运行，提前完成国家发改委 813 号文提出的"河北南网年底前完成长周期结算试运行"相关要求。

2022 年 10 月~2023 年 5 月，河北南网按照循序渐进原则，不断完善市场规则体系和技术支持系统，依次开展了模拟测试、三次模拟试运行和首次调电试运行，实现各类场景全覆盖，市场规则和技术支持系统得到充分的验证。

2023 年 7 月 8~17 日，度夏高峰期，河北南网开展了为期 10 天的电力现货市场长周期调电试运行，机组组合、发电计划、调频服务全部以市场化方式开展，成功经受了河北南网历史最高负荷（7月10日，5160.1万千瓦）考验，实现了电网运行与市场运营的深度融合。试运行期间日最大、最小供需比与日最高、最低实时市场出清价格见图 5-1。

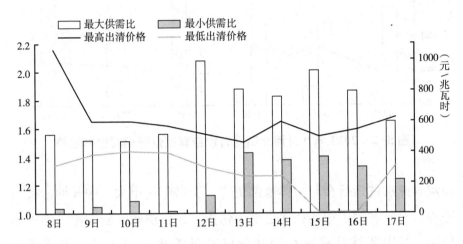

图 5-1　2023 年 7 月河北南网长周期调电试运行期间出清价格及供需比

2023 年 9 月 13~18 日，秋检密集开展期，河北南网开展了电力现货市场首次结算试运行（实际结算日为 9 月 17~18 日），验证了检修方式下电网断面阻塞出清结果的可靠性，现货市场环境下保障电网安全的手段得到实战检验。市场出清均价在 386.47~476.58 元/兆瓦时之间，与月度中长期均价偏差总体控制在 5% 以内，日均峰谷价差 591.5 元/兆瓦时，发挥了现货市场反映电能时空价格差异的作用。首次结算试运行期间峰谷价差、加权均价见图 5-2。

2023 年 11 月 13 日~12 月 10 日，迎峰度冬关键期，河北南网电力现货市场开展了为期一个月的长周期结算试运行（实际结算日为11 月 24~30 日）。成功应对连续两次度冬历史最高负荷考验（11 月 25 日、4194.1 万千瓦，11 月 30 日、4226.4 万千瓦），电网运行平稳。同时有效启用市场管控功能，引导市场主体理性报价，市场价格

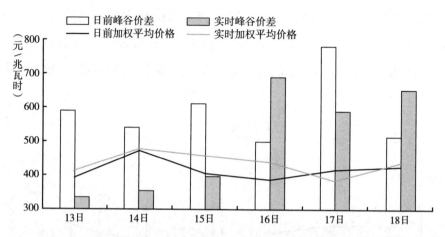

图 5-2　2023 年 9 月河北南网首次结算试运行期间价格走势

稳定。此次试运行参与主体范围更广、交易电量更大、中长期衔接更
完善，充分发挥了市场在促进电力保供、民生供暖、新能源消纳中的
作用。长周期结算试运行期间价格及供需比见图 5-3，出清情况
见表 5-2。

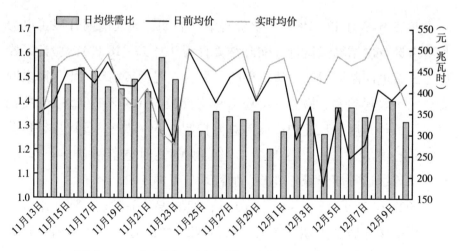

图 5-3　2023 年河北南网电力现货市场长周期结算
试运行期间价格及供需比

表 5-2　2023 年河北南网电力现货市场长周期结算试运行期间出清情况

单位：亿千瓦时，元/兆瓦时

电网	结算试运行时间	日前现货出清电量	日前现货出清均价	实时现货出清电量	实时现货出清均价	1.2 倍基准价
河北南网	9.13~9.18	18.54	417.05	18.47	433.11	437.28
河北南网	11.13~12.10	97.24	386.48	99.93	435.4	437.28

2023 年 12 月 11 日~2024 年 2 月 29 日，河北南网开展长周期调电试运行，成功应对历史极寒天气下供需极端紧张和春节极端调峰场景考验，助力电网负荷 11 创度冬负荷新高，价格总体平稳有序。

2. 当前电力现货市场推进遇到的问题

（1）现货市场技术支持系统尚未完成第三方校验

受招标、组织实施等工作存在固有周期等因素影响，河北南网电力现货市场技术支持系统尚未组织第三方完成校验，暂不符合《电力现货市场基本规则（试行）》中"技术支持系统应通过第三方校验并向经营主体公开校验报告"的相关要求，现货市场试运行的合规性仍有待提升。

（2）现货电能量市场和调频辅助服务市场未联合出清

河北南网现货电能量市场和调频辅助服务市场目前采用顺序出清模式（即在日前电能量市场机组组合确定后，开展调频辅助服务市场出清），尚未达成《关于建立健全电力辅助服务市场价格机制的通知》中的"现货市场连续运行的地区，推动辅助服务市场和现货市场联合出清"具体目标。

（3）高占比分布式光伏影响市场运营

截至 2023 年底，河北南网分布式光伏装机近 1800 万千瓦（未入市），全口径装机占比 25.5%，最大出力达 1300 万千瓦，严重制约河北南网调节能力。尤其在春节等节日期间，受电网负荷下行和分布式光伏大发双重因素影响，电网调峰困难，开机方式安排受限，电网安全裕度下降，现货市场出清结果刚性执行的难度增大。

（4）市场主体需要进一步培育

从 2023 年河北南网电力现货市场实际结算情况来看，部分批发用户和新能源场站交易水平不高、市场风险意识不强，存在现货申报不及时、中长期合同持仓量不合理等问题，导致收益下降甚至亏损，需继续加强市场规则体系宣贯和市场主体运营业务培训。

3. 当前电力现货市场推进的建议

一是开展第三方校核。根据《电力现货市场基本规则（试行）》要求，组织独立第三方开展河北南网现货技术支持系统校验，确保电力现货市场技术支持系统算法模型、市场出清功能和结果与现货市场规则一致，同时满足出清时效性及实用性的要求。及时公开第三方校验报告，确保市场运营公平、规范。

二是开展电能量市场和调频辅助服务市场联合出清研究。2024年底前完善技术支持系统相关功能和市场运营组织模式，在现货市场连续运行前，实现两市场联合出清，降低市场运行总成本。

三是推动河北南网分布式光伏参与电网调峰。组织研究制定分布式光伏入市方案，力争 2024 年底前推动分布式光伏入市，初期按照固定比例聚合入市方式参与中长期市场和现货市场。

四是加强市场主体的专项培训。通过线上宣贯、网络答疑等多种形式，提升市场主体尤其是批发用户、新能源场站的整体业务水平。2024~2025 年，随着市场主体的不断成熟，逐步放开中长期合约占比约束，提升市场活跃度，充分发挥现货价格激励作用。

五　京津冀电—碳—证市场协同发展研究

（一）京津冀电—碳—证市场发展现状分析

1. 京津冀电—碳—证单市场发展现状

京津冀地区作为我国主要的城市群与经济增长极之一，在电力消费和电力减排中都占有重要地位，包含冀北（唐山、廊坊等5市）、天津、首都和河北（石家庄、保定等6市）四家电力交易中心，天津和北京两个地方碳市场，131家发电行业控排单位和1036家其他行业控排单位。发电量方面，2023年北京、天津、河北（全省）的总发电量分别为454.9亿千瓦时、808.1亿千瓦时、3736.1亿千瓦时，其中可再生能源发电量分别为11亿千瓦时（占比2.4%）、45.3亿千瓦时（占比5.6%）、885.7亿千瓦时（占比23.7%）。电力消费方面，2023年北京、天津、河北（全省）用电量分别为1358亿千瓦时、1051亿千瓦时和4757亿千瓦时。由发用电数据可以看出，京、津、冀都存在一定的电力消费缺口，主要由周围的内蒙古、山东和山西输送电量。

电力市场方面，2023年北京、天津、河北南部、冀北电力市场总体成交电量（所有电源）分别为536.25亿千瓦时、346.81亿千瓦时、1079亿千瓦时和617.74亿千瓦时。绿电交易方面，2023年京津冀区域完成年度绿电交易超230亿千瓦时，其中北京绿电交易总量16.57亿千瓦时，同比增长2.6倍；冀北（冀北电网经营区）绿电交易共成交196.51亿千瓦时，同比增加9.4倍，均价405.52元/兆瓦时；天津绿电交易总量18.3亿千瓦时，同比增长22倍，均价405.84元/兆瓦时；河北（河北电网经营区）绿电交易总量58.14亿千瓦时，均价397.5元/兆瓦时。

碳市场方面，2023年全国碳市场年度成交量2.12亿吨，年度成交额 144.44 亿元，成交均价 68.1 元/吨，较 2022 年上涨 23.24%。北京碳市场成交量约 356 万吨，成交金额 3.5 亿元，成交均价约为 98.3 元/吨，在所有试点碳市场中处于最高水平。天津市碳市场成交量约 570 万吨，成交金额 1.8 亿元，成交均价约为 31.6 元/吨。

绿证市场方面，京津冀地区也表现出了较高的积极性，北京、天津、河北（河北电网经营区）和冀北（冀北电网经营区）分别交易绿证 48.2 万、17.1 万、95.8 万和 12.6 万张，共 173.7 万张，占华北经营区绿证成交总量的 86.6%，约占全国总交易量的 17.3%。

整体来看，京津冀地区在碳减排和电力系统低碳转型方面都走在全国前列，拥有丰富的风光资源，可再生能源发电与消费全国领先，包含了两大试点碳市场，碳交易、绿电交易和绿证交易的规模较大且市场活跃，为我国市场化减排的制度探索提供了丰富经验与良好示范。

2. 京津冀电—碳—证多市场联动现状

电力市场、碳市场、绿证市场主要在可再生能源电力消纳保障机制、碳交易以及绿电交易等政策框架下实现，市场主体、政策目标等存在高度重合，京津冀电—碳—证市场联动关系如图 5-4 所示。

电力市场与碳市场联动方面，地区内的火电控排企业受到全国碳市场的规制，需要每年上缴与排放量相等的配额，按需在全国碳市场中购买或出售配额并可以购买 CCER（最高 5% 抵消比例）用于抵扣配额。

电力市场与绿证市场联动方面，主要体现在绿电与绿证的联动，可再生能源发电企业可以选择参与绿电交易，以绿电的形式实现"电证捆绑"交易；也可以选择出售绿证，实现"电证分离"交易，对应的电量参与常规市场化交易（目前新能源只能参与年度、月度和月内交易）。市场化购电企业可以通过购买绿电或绿证完成可再生能源电力消纳责任权重，但根据披露，截至 2023 年底仅有北京和天津将消纳责任分解到了企业。

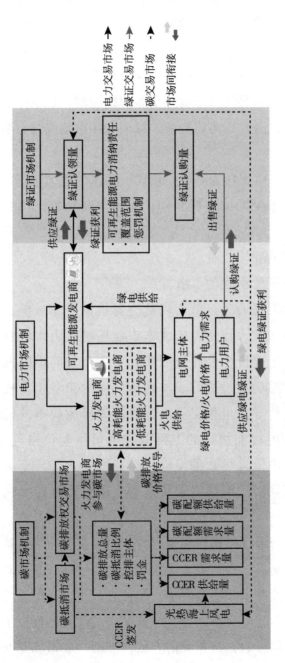

图 5-4　京津冀电—碳—证市场联动关系

碳市场与绿证市场联动方面，北京和天津试点碳市场允许控排企业不核算市场化交易的绿电对应的碳排放量，但认购的绿证不能作为免于核算外购电力碳排放量的依据。海上风电和光热发电项目虽然允许申请 CCER 且可以核发绿证，但这一联动形式存在着环境权益重复计算的潜在问题，有关部门尚未就此发布明确规则，且京津冀地区的两类电源建设较少，因此京津冀地区的绿证和碳市场间没有显著的联动关系。

总体来看，以减排属性为桥梁，京津冀地区的电力市场、绿证市场和碳市场间形成了微弱的市场联动，但具体联动机制仍存在一定问题。

3. 存在的关键问题

（1）电—碳—证价格联动不畅通

电碳价格传导不畅通。目前市场化交易机制仍不成熟，电价信号在市场中未能有效发挥作用，碳成本未能通过电力市场有效传导至消费端。良好的电碳价格传导机制依赖于碳市场向不同发电机组传导碳排放成本，然后通过边际成本定价的电力市场出清机制，将上升的碳排放成本传导至电价，从而让更高碳排放成本的机组竞争力降低。而我国煤电目前执行的上网基准电价浮动价格范围受限，很难将因碳排放成本上升导致的发电机组成本变化传导至电价，因此难以通过电力市场的边际成本定价机制将碳价充分传导到电价再传导给用户。

绿电环境价值与绿证价格存在差异性。绿电交易将环境价值与电能量价值进行捆绑交易，而在双边协商和集中竞价的交易模式下，绿电价格中的环境价值并未被明确界定。绿证在政策上是电量环境属性的唯一证明，相较于绿电交易而言，绿证交易的优势体现在不受输电通道等物理空间限制影响，更加灵活方便，然而，在市场化交易定价时难以借鉴绿电价格中明确的环境价值。因此，绿电价格和绿证价格受市场供需因素影响的波动幅度难以完全吻合，绿电的环境价值和表征电力环境属性的绿证价格存在差异。

（2）绿电零碳属性认可不全面

当前有关绿电抵扣碳排放的实践仅限于北京、天津、上海、湖北等试点碳市场，试点地区的绿电零碳属性主要体现在外购电力的碳排放抵消方面。我国于 2024 年 4 月新发布的全国电力平均二氧化碳排放因子（不含市场化交易的非化石能源电量）也能够在一定程度上消除市场化交易的绿电零碳排放属性重复计算的风险。然而，在市场操作中，大部分企业通过购买绿证去完成可再生能源电力消纳，但当前不论是全国碳市场还是试点碳市场，都没有绿证市场抵扣碳排放的相关政策。

（3）环境价值衔接互认不完善

环境权益产品互认是推动电—碳—证市场协同发展的关键要素，我国绿电市场、绿证市场、碳市场尚不健全且相对独立，相关环境权益产品之间缺少有效衔接。绿证和碳排放权市场中存在环境价值重复计算问题，绿证与 CCER 之间的制度边界尚未理清。根据当前规定，仅有 CCER 与碳配额、绿电与绿证之间存在明显的互认关系，部分试点允许绿电抵消碳排放，其他环境权益产品间仍存在无法互认互换、无法追溯的问题。不同类型产品体系之间的抵扣标准也迫切需要构建认证机制来实现有序衔接。

（二）京津冀电—碳—证市场耦合机制设计

为实现京津冀电—碳—证多市场的耦合与协同，本文对耦合机制进行设计。电—碳—证市场耦合主要通过分属不同市场体系的环境权益产品进行联通、链接和互认互换，以产品联通为重要桥梁加速不同市场体系协同发展。基于已有的绿电与绿证互认关系、碳配额与 CCER 抵消关系，设计电—碳—证耦合的互认互换机制（见图 5-5）。

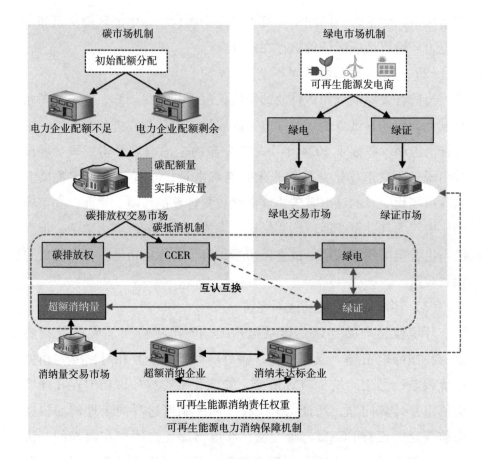

图 5-5　电一碳一证市场耦合关系

　　京津冀电一碳一证市场耦合机制重点解决碳-证市场的联动与协同，由于1兆千瓦时的光伏发电量核发1张绿证，以光伏为基准，量化不同环境权益的互认互换关系。首先，测算其他可再生能源发电类型相对光伏的平准化度电成本，进而测算其可兑换的绿证数量；其次，从生命周期角度测算各发电类型对应的绿证碳排放量及相对火电而言的绿证碳减排量；最后，将绿证兑换的CCER按1∶1的比例抵消碳配额，以CCER为桥梁，实现分属不同市场的环境权益产品的联通、互认和互换，实现京津冀区电一碳—证市场耦合。

以海上风电为例，首先，根据国际可再生能源署（IRENA）数据统计，光伏发电的度电成本为 0.037 美元/千瓦时（0.269 元/千瓦时），海上风电的度电成本为 0.077 美元/千瓦时（0.559 元/千瓦时），约为光伏发电成本的 2 倍，则 1 兆千瓦时的海上风电能够兑换 2 张绿证；其次，根据联合国欧洲经济委员会数据统计，从生命周期的角度测算海上风电对应的绿证碳排放量为 $14.2gCO_2$/千瓦时，火电碳排放量为 $1023gCO_2$/千瓦时，海上风电相对火电的绿证碳减排量为 $1008.8gCO_2$/千瓦时；最后，测算 1 兆千瓦时海上风电 = 2 张绿证 = 2×1.0088 个 CCER（吨二氧化碳当量），可将兑换的 CCER 按 1∶1 的比例抵消碳配额，实现海上风电在电—碳—证市场的耦合。

（三）相关建议

1. 疏通电—碳—证价格传导机制，发挥价格信号作用

促进电—碳—证市场协同发展，价格联动是关键，应循序渐进地疏通电—碳—证价格传导机制。首先，京津冀区域可考虑进一步放开上网基准电价浮动范围，通过提升化石能源发电的碳成本，推动市场化电价，确保碳价能够有效传递至电力市场，进而削弱化石能源发电的市场竞争力；其次，在可再生能源电力消纳责任和碳配额政策约束下，碳价计入火电厂商发电成本，绿证计入绿电厂商发电收益，实现市场间价格的动态联动，提高可再生能源发电的市场竞争力，利用价格信号有效指导市场的协同运作，实现京津冀区域的资源优化配置。

2. 探索电—碳—证协同交易路径，扩大绿电交易规模

电—碳—证协同交易应重点探索绿电绿证参与碳市场交易路

径，扩大绿电绿证零碳属性作用范围。首先，绿证作为绿电消费的唯一凭证，应在全国和地方碳市场上允许绿证抵消碳排放，建立绿证抵扣碳排放机制，将其环境属性转换为一个具体的温室气体减排量；其次，将绿电的零碳属性作用范围扩大到冀北地区、绿证的零碳属性作用范围扩大到京津冀区域，有效推动绿电需求，激励更多的可再生能源发电企业增加绿电的供应，推进京津冀区域绿电交易和消费规模，加速能源结构的转型，助力京津冀区域"碳排放"双控。

3.完善电—碳—证核算标准体系，建立互认互换机制

为确保京津冀区域电—碳—证不同市场间的可比性和一致性，需建立一套统一的核算标准体系。首先，需进一步明确环境价值核算规则，界定各类市场的交易边界，确保所有参与方遵循相同的规则来进行减排量的核算，确保环境权益的唯一性。其次，可考虑以 CCER 为中间要素，设计统一的环境权益产品互认互换机制，开发新型环境权益产品组合模式，建立京津冀区域互认平台，促进区域内各省市之间的绿证与 CCER 的流通使用；此外，可利用区块链技术实现京津冀三地在电、碳、证三市场间的数据共享与互联互通，提高数据的透明度和可信度，借助智能合约技术实现电—碳—证市场的自动化交易、执行、结算，采用绿色溯源体系实现电力、绿证、碳排放等交易标的物的数据溯源和核验。

六 河北省分时电价政策研究

（一）河北省分时电价基本概况

分时电价政策的出台，核心宗旨是通过实行高峰时段高电价、低谷时段低电价的策略，实现负荷曲线的平滑化，进而减轻在高比例新

能源接入背景下电网的调峰、调频压力。在现货市场环境下，电价政策对负荷曲线的动态影响又进一步作用于电价的实时变动。2021 年 7 月，国家发改委印发了《关于进一步完善分时电价机制的通知》（发改价格〔2021〕1093 号），对我国分时电价政策提出了新的调整意见，这是我国第一个面向市场化的分时电价机制，全面完善了我国分时电价政策。

自 1093 号文发布以来，全国各省区市发改委陆续发布了分时电价政策，多个省份已调整优化至少两版分时电价政策，其中，山东、江苏每年发布新版分时电价政策，逐步优化完善分时电价政策体系。2024 年已有 13 省区市调整并执行新版分时电价政策。根据陆续发布完善的分时电价政策内容看，主要是完善峰谷时段划分、拉大峰谷价差、建立尖峰电价机制、扩大执行范围、明确市场化用户执行方式等。

河北南网高度重视新能源发展，积极配合省发改委优化价格机制，促进能源绿色低碳发展。2017 年、2019 年、2021 年已连续三年优化峰谷电价政策，分别削减尖峰负荷 130 万千瓦、60 万千瓦、70 万千瓦，政策实施起到了良好效果。2022 年 10 月，针对河北南网新能源大规模发展、电网负荷峰谷差不断拉大的新形势，河北省发改委以提升电力供应保障能力和促进可再生能源消纳为目标，优化工商业峰谷电价机制，印发《关于进一步完善河北南网工商业及其他用户分时电价政策的通知》（冀发改能价〔2022〕1364 号）。一是优化时段划分，将夏季午后由峰段改为平段，春秋季上午峰段改为平段、午后由平段改为谷段，在光伏大发时段刺激用户多用电，提升光伏消纳能力；冬季上午及午后峰段、平段改为平段、谷段，峰、平、谷时段各 8 小时，引导用户晚峰负荷向午间和夜间转移，缓解光伏出力降低后电网调峰压力。二是调整浮动比例，将峰谷电价在平段电价基础上将浮动比例由 50% 调整至 70%，尖峰电价在峰段电价基础上上浮 20%，进一步拉大峰谷价差，以价格信号引导用户主动削峰填谷。具体峰谷电价差变化情况如图 5-6 所示。

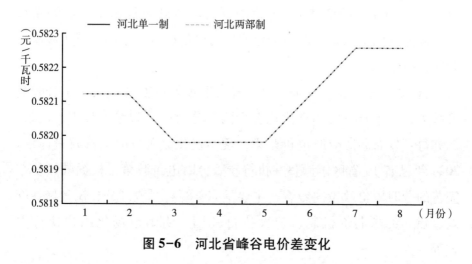

图 5-6　河北省峰谷电价差变化

　　政策实施在保障晚高峰电力供应和早高峰新能源消纳方面发挥了积极作用。负荷转移方面，电网负荷特性变化主要为早高峰负荷抬升、晚高峰负荷下降，按调控中心统计的典型日负荷曲线，2023 年夏冬季转移负荷 170 万~200 万千瓦、春秋季 70 万~110 万千瓦。2024 年午夜凌晨的净负荷较日间傍晚的净负荷同比增长更快。损益影响方面，当前峰谷全年增减收趋于平衡，具备了争取将峰谷损益纳入代理购电机制清算传导的基础条件。现货运行方面，从省内现货市场三次结算试运行情况看，实时现货出清价格反映电力供需，发现了较合理的净负荷曲线口径；且实时出清价格曲线的波动幅度较净负荷曲线振幅更大，体现了价格对电力供需变化的信号放大和市场引导效应，对中长期市场峰谷分时政策设计具有较强的指导作用。总体看，分时电价政策移峰填谷作用显著，但随着负荷转移，减收趋势越发明显，时段设置与净负荷曲线也有一定偏离，需要推动进一步优化时段设计，并建立分时损益清算机制。

（二）其他省份政策调整情况

2024年以来，部分省份陆续出台优化分时电价政策，调整内容主要包括完善时段划分、拉大峰谷价差、建立尖峰电价机制等，政策优化方向趋于一致。从执行范围看，23个省份对全部大工业用电执行分时电价，湖南、四川、重庆、黑龙江4地按变压器容量明确了执行范围。河北、冀北、浙江、吉林、黑龙江、河南、四川、江西等电网经营区明确商业用电可自行选择执行分时电价，湖北商业用电不执行峰谷分时电价。从时段划分看，日间谷时段大量涌现，包括河北南网在内的13个电网经营区设置了日间谷段，其中甘肃、青海、宁夏日间谷段达8小时，西藏、山东5~6小时；除甘肃、宁夏外，24个省份出台了冬夏尖峰电价；上海、江苏、浙江、江西在春节、五一等假日期间设置深谷时段，深谷电价最低下沉至平段电价的80%。从浮动比例看，峰谷价差逐渐拉大，浮动比例主要集中在40%~70%，尖峰多是在高峰基础上上浮20%。各地峰谷浮动方式存在差异（包括分电压等级、分季节、分月份）；浮动成分各不相同，河北南网峰谷电价是在当月平均购电价格的基础上按比例进行浮动，按比例折算后再加上输配电价、历史偏差折价、系统运行费等，而安徽、浙江、山东等地直接在平段价格的基础上按比例浮动，平段价格已包含输配电价、系统运行费等。整体来看，河北南网峰谷分时电价政策属于主流路线，既遵从国家政策要求，又有效引导负荷转移，峰谷价差相对合理，与河北经济发展、能源转型现状基本契合。

各网省工商业分时电价政策对比如表5-3所示。

表 5-3　各网省工商业分时电价政策对比

网省	政策文件	执行对象	分时电价	执行时间
河北	《关于进一步完善河北南网工商业及其他用户分时电价政策的通知》（冀发改能价〔2022〕1364号）	全体工商业用户	高峰、低谷时段上下浮动比例由50%提升为70%，尖峰时段在高峰电价基础上再上浮20%	自2022年12月1日起执行
湖北	《关于完善工商业分时电价机制有关事项的通知》（鄂发改价管〔2024〕77号）	1. 用电容量在100千伏安及以上的工商业用户执行分时电价；2. 电气化铁路牵引用电、商业用电和机关、部队、学校、医院、城市公共照明等非居民照明用电不执行分时电价；3. 电热锅炉、冰（水）蓄冷空调等电储能用电执行分时电价	1. 平常月：尖峰平谷电价比为1.8：1.49：1：0.48；2. 夏冬季(7月、8月、12月、1月)：尖峰平谷电价比：2：1.49：1：0.45	自2024年5月1日起执行
上海	《关于大工业用电实行深谷电价有关事项的通知》（沪发改价管〔2024〕14号）	大工业用户	执行大工业用电价格的用户在春节、"五一"劳动节、国庆节法定节假日期间0:00~6:00及22:00~24:00时段用电价格调整为深谷电价。深谷电价在平段电价基础上下沉80%	自2024年5月1日起执行

网省	政策文件	执行对象	分时电价	执行时间
江西	《关于适当调整分时电价机制的通知》	全体工商业用户	1. 暂缓实施尖峰电价。尖峰时段用电暂执行高峰时段电价标准。 2. 试行重大节假日深谷电价。春节、"五一"国际劳动节、国庆节12:00~14:00设置为深谷时段,电价在平段电价基础上下沉60%。 3. 执行分时电价产生的损益按月由全体工商业用户分摊或分享	自2024年5月1日起执行
安徽	《关于进一步优化峰谷分时电价政策等有关事项的通知》	1. 用电容量100千伏安及以上工商业用户执行峰谷分时电价政策; 2. 100千伏安以下工商业用户可按年度自愿选择是否执行峰谷分时电价	低谷电价在用户购电价格加输配电价基础上下沉61.8%;季节性(1月、7月、8月、9月、12月)高峰电价上浮84.3%;其他月份高峰电价上浮74%	自2024年4月1日起执行
浙江	《关于调整工商业峰谷分时电价政策有关事项的通知》(浙发改价格〔2024〕21号)	大工业电价用户需全年执行峰谷分时电价(不包括国家有专门规定的电气化铁路牵引用电等);一般工商业电价用户可选择执行峰谷分时电价,选定后12个月内保持不变	1. 统一大工业电价用户和一般工商业电价用户峰谷时段。 2. 试行重大节假日深谷电价。春节、劳动节、国庆节10:00~14:00设置为深谷时段。 3. 调整峰谷电价浮动比例。浮动比例以平段电价为基础,平段电价包含上网电价、上网环节线损费用、系统运行费用、输配电价、政府性基金及附加。 4. 大工业与一般工商业执行的尖峰平谷深的比例不一致,其中深谷电价在平段电价基础上下沉80%	自2024年3月1日起执行

续表

网省	政策文件	执行对象	分时电价	执行时间
山东	《关于进一步优化工商业分时电价政策的通知》（鲁发改价格〔2023〕914号）	全体工商业用户	1. 将"上网环节线损费用""系统运行费用"纳入分时电价政策执行范围； 2. 每年低谷、高峰时段原则上各不超过2190小时，其中尖峰、深谷时段原则上各不超过1200小时； 3. 直接参与电力市场交易用户零售套餐执行分时约束机制，在新能源出力明显、火电启停较为频繁的4月、11月，直接参与电力市场交易用户高峰、低谷时段均价在平段均价基础上，上下浮动不低于60%，其他月份暂按上下浮动不低于50%执行； 4. 不满1千伏的代理购电用户与1千伏及以上用户执行相同的分时电价政策执行范围、电价标准	自2024年1月1日起执行

（三）工商业电量及负荷转移效果

1. 工商业电量转移效果

对河北南网工商业用户2023年各月尖峰平谷电量转移情况分析表明，除2月、12月受雨雪冰冻、极寒天气影响导致电量较同期增长明显外，其余月份尖段电量较同期比均呈下降趋势，其中，1月受春节假期影响各时段电量较同期均有下降，6~8月"移尖填平"趋势明显。10月"移峰填平"趋势最明显。

2. 工商业负荷转移效果

一是从负荷转移情况看，负荷正向转移效果明显。平变谷、峰变平或谷升高即电价升高时，负荷降低；谷变平或峰、平变峰等即电价降低时，负荷升高。分类型看，大工业负荷在调整时段均发生负荷正向转移，一般工商业负荷在 12~15 时转移效果明显。分地区看，河北南网七个地区的大工业负荷 12 月、3 月均正向转移明显，一般工商业负荷于 3 月正向转移明显，各地市一般工商业 9~12 时负荷在 12 月均呈负向转移，但 3 月呈现积极变化、均为正向转移，其余时段大部分地区负荷于 12 月、3 月均出现正向转移。二是从用户行为情况看，用户用电行为整体出现较大积极变化。整体看，12 月份河北南网除居民、农业电价外，其他执行峰谷分时电价用户，19 时至次日 3 时负荷减少、9~16 时负荷增加，用电行为发生变化。分类型看，虽然分时电价政策刺激冬、春两季大工业用户用电行为持续改变，其峰谷差率却呈增加趋势，负荷特性未得到改善；冬季一般工商业负荷反应敏感，月负荷率增加、峰谷差率降低，负荷特性"向好"改善，但春季出现一定反弹，各类负荷特性指标出现回落。此外，部分行业出现轻微反弹趋势，如何稳固分时电价调整政策的实施效果成为要面对的新问题。

（四）相关建议

推动制定差异化分时电价政策。结合产业结构、电源结构和负荷特性，促请政府分地区、分行业出台差异化分时电价政策，公正合理地分配分时电价效益，引导各类用户积极参与电力供需平衡，助力电力保供。

积极引导用户侧储能健康发展。丰富主动服务、辅助运维模式，加强与储能用户沟通，动态掌握用户生产经营情况、储能配置及使用习惯，建立用户储能统一化标准化档案，细化技术标准规范，健全需求响应等市场机制，最大限度挖掘调节潜力。

常态化开展用户侧负荷技术研究。探究用户储能、新能源设备大规模接入对电网安全的影响，优化用户并网验收、运行检查管理流程，完善三级负荷管理中心运行机制，提升景观照明、空调负荷、工商企业用电实时监控能力，实现电网安全运行、社会品牌价值升高、用户用电成本降低的"多赢"局面。

第六章　探索能源革命河北落地场景

当今世界，新一轮科技革命和产业变革深入推进，绿色低碳、数智化、可持续发展成为时代主题。我国进入新的经济发展阶段，统筹能源安全稳定供应和绿色低碳转型既是全国共同的目标，也是面临的难题。河北在加快新型电力系统建设中，为确保能源转型高质量发展，经前期科学论证与实验，围绕着新型电力系统电源侧、电网侧、负荷侧、储能侧，推动构建了大批能源电力转型示范场景，持续探索光伏综合利用，在负荷侧以"新能源+传统能源""能源+数字化"等方式向综合能源系统转型，在资源富集地稳步实施源网荷储一体化建设，打造一批"光伏+""数字化+"等示范场景。这些能源电力实践示范场景通过技术创新和应用推广，有效提高了能源利用效率，降低了用电成本，增强了能源供应的可靠性和安全性，同时促进了可再生能源的利用和消纳，为推动能源绿色转型、能源可持续发展做出了重要贡献。

河北能源发展规划始终强调加快能源转型、科技创新，打造能源产业升级新增长点，培育能源新业态新模式，优化整合电源侧、电网侧、负荷侧资源，以储能补差，构建源网荷储高度融合、协同互动的供给新形态。要结合工业、交通、建筑等典型应用场景，因地制宜建设智能微电网，促进新能源就地消纳。要推进虚拟电厂建设，提升电力系统调节能力。要推广天然气冷—热—电三联供、地热、分布式新能源、新型储能、余热利用等综合能源服务新模式，提高能源综合利用效率。为此，河北还将在智能电力交易与储能技术结合应用场景、工商业储能应用场景、虚拟电厂应用场景、新能源上网容量与就地消纳等应用场景中持续探索。

下一步，河北将大力发展能源新质生产力，深入实施创新驱动发展战略，围绕巩固延伸优势产业、改造提升传统产业、加快培育未来产业，推进能源产业链创新链协同发展，不断提升能源含"新"量。

一 城市能源安全新战略综合示范场景

（一）"水滴上的明珠"——雄安高铁站片区绿色低碳能源生态示范

1. 项目背景

近年来，国家高度重视能源安全问题。党的二十大报告指出，要实施全面节约战略，发展绿色低碳产业，倡导绿色消费，推动形成绿色低碳的生产方式和生活方式。习近平总书记第三次视察雄安新区并强调，要坚持绿色化、低碳化发展，把雄安新区建设成为绿色发展城市典范。国家发改委、河北省人民政府联合印发《关于推动雄安新区建设绿色发展城市典范的意见》（发改环资〔2024〕73号）指出，积极稳妥推进"碳达峰""碳中和"，加快形成雄安新区绿色低碳发展的空间格局、产业结构、生产方式、生活方式。作为国家电网公司服务雄安新区发展的最前沿，国网雄安新区供电公司积极推进新型电力系统试点建设和能源绿色转型，有效支撑雄安新区建设绿色低碳、信息智能、宜居宜业、具有较强竞争力和影响力、人与自然和谐共生的高水平社会主义现代化城市。

雄安高铁站是连接首都和雄安新区的重要交通枢纽，承担着高铁枢纽发展城市经济的重要使命。该项目是雄安新区首个大型基础设施建设工程、开工建设的第一个国家级大型交通基础设施，首创采用三维曲面清水混凝土梁柱造型，是新区地标性建筑。雄安高铁站建筑面积 47.52 万平方米，相当于 6 个北京站，是目前亚洲已建成规模最大的火车站。高铁站屋顶面积大、载荷强，站房耗电量大，但基础条件好、产权清晰，非常适合开展光伏发电建设。同时，开展光伏项目探索对保障能源供给的稳定性、实现传统能源和新能源多能互补、打造片区级多能供应体系具有积极示范作用。

基于此，雄安高铁站房在建设时期，同步开展了光伏项目建设，并拓展了能源产业相关业务，着力打造高铁站片区绿色低碳能源生态示范。

2. 实施思路

深入贯彻国家能源新战略，以新发展理念为指导，充分利用新区首个大型基建项目——雄安高铁站建筑基础，延伸拓展开展光伏示范项目建设，创造性打造屋顶光伏发电项目精品工程、京雄铁路全线能源管理系统、雄安高铁片区能源运维服务、三网融合下智慧充电网络等四方面能源利用解决方案，构建片区级绿色、智慧、开放、共享的能源生态示范，树立绿色低碳转型的样板典范。

该项目在设计上对标国际一流，采用建筑一体化理念，分布式光伏项目与站房同步规划设计，实现光伏组件与站房建筑的有机融合，并打造光伏 BIM 可视化运维监控系统；积极开展综合能源服务，建设全线能源管理系统，实现铁路能源管理全线贯通；以开放共享理念，拓展打造高铁片区供热（冷）项目和高铁站 CEC 充电站，实现能源转型利用多元化场景转换；积极推动光伏项目市场化，探索开展绿电、绿证交易，推动示范项目产业化发展。

3. 建设内容

（1）打造绿色低碳建筑示范——雄安高铁站屋顶分布式光伏项目

雄安高铁站采用水滴状椭圆造型，以"淀泊之上的一颗露珠泛起的片片涟漪"为整体设计理念，融合中华传统文化和白洋淀地域特色，屋顶光伏犹如"水滴上的一颗明珠"，与雄安高铁站完美融合（见图6-1）。项目设计上对标国际一流，采用建筑一体化理念，光伏板敷设在站房顶部，共铺设1.78万块多晶硅光伏组件，屋面发电系统敷设面积约为4.2万平方米，总容量为5.97兆瓦。利用BIM技术，确定组件安装角度，在确保组件发电效率的同时，满足了雄安站"青莲滴露"的设计寓意；在施工上对标行业领先，创新组件安装方式，克服屋顶曲面弧度大、施工难等系列难题，实现光伏组件与站房建筑的有机融合。

图6-1　雄安高铁站屋顶分布式光伏项目

为了进一步实现光伏电站精细化管理与运营，项目依托城市智慧能源管控系统（CIEMS），打造了包含光伏电站概览、能源监测、能源分析、能源服务等功能于一体的可视化运维监控系统（见图6-2）。该系统将云、大、物、移、智等技术相结合，把运维、监控的每一个环节都变成数据并融入智慧大脑，实现光伏电站数字孪生场景的构建。基于三维立体场景建立能源监测模块，实现了三维设备及数据的联动，以信息牌的形式展示气象站、光伏组串、逆变器以及变压器的实时监控信息及告警信息，保证了电站的安全、可靠运行及可视化管理。

图 6-2　雄安高铁站光伏 CIEMS 可视化系统

（2）"铁路线网上的能源大脑"——京雄铁路全线能源管理系统

京雄铁路全线能源管理系统，是国家电网有限公司参与的首个铁路全线能源管理系统项目，重点解决铁路系统能源管理存在单站孤立管理，数据不透明和无法实现全线精确分类、分户、分项计量等问题，更好地服务全线能源管理。

该系统突破了传统的分站所能源管控模式，涵盖了全线监控、智能监测、运行分析、绿色能源、智慧用能、能源导航六大功能模块，实现了铁路能源管理"单点"到"全线"的突破。一是对全线能耗的总量、组成、动态进行分析，实现全线看能源；二是进行用能排名、呈现能源指标，实现各级看能源；三是通过计量表计健康状况判断全线管理水平，实现能源看管理；四是分析城市人流、能流变化，记录雄安发展轨迹，实现能源看雄安；五是展现京雄铁路全线绿色电力能源占比、二氧化碳减排等社会效益，实现能源看社会，切实可称作"铁路线网上的能源大脑"（见图 6-3）。

图 6-3　京雄铁路全线能源管理系统界面

（3）"全地下的智慧能源站"——雄安高铁片区 1 号能源站

雄安高铁片区 1 号能源站是高铁站片区首个全地下智慧能源站，是雄安新区第一个投入使用的片区级能源站，供热面积 402.19 万平方米，供冷面积 76.73 万平方米，是雄安新区供能领域样板工程。该项目是国网系统参与运维的最大的单体供暖项目，主要提供电力相关服务，为未来智慧供热提供安全稳定和优质的电力保障（见图 6-4）。

图 6-4　雄安高铁片区 1 号能源站

该项目主要有三大特点。一是供能形式多样：以天然气为保障，充分利用浅层地热、绿电、余热等可再生能源，供能方式包括燃气锅炉、燃气三联供、浅层地温+水蓄能、电锅炉+固体蓄热等。二是全地下建设：能源站分为地下两层，采用管廊敷设方式将架空管线入地，节约城市用地并方便维护检修。三是智慧化管控：建立全系统可视化数字信息模型，设立热网监控中心，保证安全、高效、智慧运行。

（4）"三网融合下的充电网络"——雄安高铁站 CEC 充电站

依托高铁站城市交通枢纽功能，建设"交通网、信息网、能源网"三网融合下的智慧充电网络（见图 6-5）。一期在公交车位建设 10 个 160 千瓦直流充电桩，社会车位建设 1 个 V2G（车网互动）充电桩、5 个 120 千瓦直流充电桩、4 个 7 千瓦交流充电桩；二期在公交车位建设 10 个 160 千瓦直流充电桩，社会车位建设 1 套 S2G（站网互动）、1 个无线充电桩、1 个数字货币充电桩。充电站支持即插即充、无感充电，融合 V2G、S2G、无线充电等功能，丰富数字货币应用场景，打造多模充电、多模支付场景，探索构建"1+3+X"充电服务生态，打造雄安站绿色低碳能源生态圈。

图 6-5 雄安高铁站 CEC 充电站

4. 效益分析

（1）推动低碳绿色转型，节能降耗成效显著

雄安高铁站屋顶分布式光伏项目年均发电量 580 万千瓦时，采用"自发自用、余电上网"的并网模式，在实现良好经济效益的同时，为高铁站输出源源不断的绿色电力。项目初期光伏本地消纳水平 40% 左右，待未来雄安高铁路网基本形成，用电负荷大幅增加后，可实现 100% 本地消纳。每年可节约标煤约 1800 吨，相应减少二氧化碳排放 4500 吨，同时减少二氧化硫、氮氧化合物、烟尘等污染物排放，相当于植树 12 公顷，自 2020 年 12 月正式并网发电以来，项目已安全运行近 4 年，累计发电超 2000 万千瓦时，取得了良好的环境效益。项目荣获中国节能协会节能服务产业委员会 2020 年度合同能源管理优秀项目。

（2）实现能源智慧管控，电力运行可观可测

通过打造光伏 CIEMS 可视化系统，构建了光伏电站管理、可视化运维、移动 App 等智能化应用，提高了运行维护管理水平，工作效率和用户体验大幅提升。通过对配电、光伏等各类能源的全景信息化管理，有效调控了清洁能源的消纳比例，促进了属地化可再生能源消纳，有效节约了能源，实现新区清洁能源供应和绿色发展。通过搭建京雄铁路全线能源管理系统，突破传统分站所能源管控模式，实现了能源管控从单线向全域升级，能源覆盖率和调度能力显著提升。项目"城市及高铁路网低碳能源智慧管控系统技术研究与应用"获得 2021 年度中国仪器仪表学会科技进步二等奖。

（3）探索雄安模式碳交易，社会效益持续倍增

2021 年 7 月 29 日，雄安综合能源公司与澳大利亚 YNIWM 公司签署完成《国际可再生能源证书（I-REC）项目购买协议》，签发出售 675 张国际绿证碳资产，实现了雄安新区首笔国际绿证业务。2021 年 9 月 3 日，雄安综合能源公司就 15 万千瓦时发电量与新兴铸管股

份有限公司达成交易，达成河北南网首批绿电交易。2021年9月16日，雄安高铁站片区智慧绿色低碳综合能源服务项目入选生态环境部绿色低碳典型案例，这是雄安新区在绿色低碳领域首个获评的典型案例，也是本次园区类案例中国家电网公司系统唯一入选的案例。2022年8月河北省生态环境厅发布了雄安高铁站屋顶分布式光伏项目降碳产品评估结果，签发核算期内项目减排量2820.97吨二氧化碳当量，成为雄安新区首批签发的固碳产品和降碳产品，实现了雄安新区固碳产品和降碳产品开发里程碑式的突破。8月23日，国网河北综能公司与天津铁厂有限公司就雄安高铁站屋顶分布式光伏项目降碳产品现场签约，成为河北省首笔分布式光伏发电项目降碳产品交易，实现了生态价值转换。2023年12月13日，国家能源局在北京召开绿证核发工作启动会，雄安高铁站获得全国首批核发的绿证，为河北省唯一参会的可再生能源项目。2022年11月9日，在第27届联合国气候变化大会埃及峰会（COP27）上，雄安高铁站屋顶分布式光伏项目作为国家电网绿色低碳发展报告案例之一面向全球进行发布。

（二）剧村"1+5+X"城市智慧能源融合站

1.项目背景

建筑领域是我国能源消耗和碳排放的主要领域之一，加快推动建筑领域节能降碳，对实现碳达峰、碳中和，推动高质量发展意义重大。2024年3月12日，国家发改委、住房和城乡建设部联合印发了《加快推动建筑领域节能降碳工作方案》，提出了提升城镇新建建筑节能降碳水平、推进城镇既有建筑改造升级等12项重点任务。雄安新区作为国家重点创新示范区，在《雄安新区绿色建筑高质量发展的指导意见》中提出，要高质量推动雄安新区绿色建筑全面发展，促进绿色建筑发展从"节能—零能—正能"到"全寿命期脱碳"的系统升级，形成"单体—街坊—社区—城区—城市"的绿色建筑创新性递进推广模式，高质量建成绿色智慧新城。

当前雄安新区电网建设全面铺开，各电压等级的新建变电站也很多。传统变电站多建于郊外，高大冰冷的外观风格与城市景观协调性差，且功能较为单一，难以适应新区发展需求。亟须探索变电站绿建新模式，以"雄安质量"打造一个将"变电站建设"与"城市景观规划"融合的多能合一综合示范中心，实现从外部景观到内部功能与周边市政环境的完美融合，更好地服务新区用户用能需求。基于此，以剧村变电站为基础，雄安新区探索打造了剧村"1+5+X"城市智慧能源融合站。

2. 实施思路

作为坚强智慧电网迈进未来之城的首发工程，项目坚持"共享融入式"理念，以变电站为基础，创新探索覆土空间复合利用模式，通过建设城市智慧能源共生体，实现变电站与周边绿色景观融为一体；以"供电+能效"服务为主线，打造多业态融合发展的能源新样板，推动能源业务场景落地和关键技术应用展示，为雄安新区近零碳示范区建设探索提供可复制、可推广的能源电力解决方案，着力打造"1+5+X"城市智慧能源融合站。

"1+5+X"内涵：

"1"指 220 千伏剧村变电站。

"5"指"创新""协调""绿色""开放""共享"五大功能分区。"创新"——实现了新技术创新应用。采用 S2G 技术，建成国内首座兆瓦级站网互动充储放电站；充分利用容东浅层地热资源，建设综合能源站；利用屋顶花园景观亭和廊道空间，部署光储零碳能源微系统；应用北斗、人工智能、5G 等关键技术，建设剧村无人机巡检中心。"协调"——实现了电力设施与城市景观有机融合。创新表皮功能化设计，融合美学、结构、功能要素，打造更环保、低碳、美观的城市能源设施，通过综合利用周边开放性的公共空间资源，构建能源设施与社会公众和谐共生的示范体，实现建设过程 6 个"最"和建设成果 6 个"第一"。"绿色"——实现了碳排放可视化管理。打造国内首家以"碳达峰、碳中和"为主题，集实践、监测、科普于一体的综合场馆，建成以"责重山岳""躬行实践""开拓进取""勇立潮头""奋楫争先"五大分区为载体的碳管理服务中心，实现了碳主题展示、碳排碳汇监测、"三端发力"体系展示、大型沉浸式空间体验、碳行动实践实景体验等功能。"开放"——实现了开放式的电力服务。围绕"绿色、低碳、清洁、高效、开放、共享"的建设原则，将智慧能源共享服务中心的无人智慧营业厅打造为能源全业务自助办理、能源产品自助购买、商务会客自在享受和 24 小时服务港湾"四位一体"的最佳示范地。"共享"——实现了与市民共享的生活空间。建成绿能健身馆，设置游泳池一座，充分利用电力余热和地源热泵实现泳池恒温运转，提高能源综合利用效率、降低健身馆运营费用。建成屋顶花园，采用新中式建筑风格，整个设计将周边环境和变电站有机融合起来，犹如自然生长出的能量中心，实现人与能源间的亲密互动。

"X"指北斗、5G、边缘计算、数字货币、站网互动、低压直流等多种创新元素。项目通过创新能源、交通、信息多业态融合建设模式，为雄安新区的智慧城市、智慧交通、智慧能源等领域的新型基础设施建设提供了重要参考。

3. 建设内容

深入贯彻创新、协调、绿色、开放、共享五大发展理念（见图6-6），在新区范围内建设新型电力基础设施，打造面向未来的智慧能源系统体验中心，推动业务场景和关键技术落地与实景展示，探索电力延伸服务，加速孵化新兴产业，推进跨界业务融合，打造新区集科普教育、绿色技术展示、智能互动体验于一体的综合性窗口。

坚持绿色低碳，构筑以电为中心的清洁能源供应系统，全面推行

图 6-6　城市智慧能源融合站"五大发展理念"建设模式

绿色建筑设计、施工和运行，打造城市生态文明与智慧能源系统深度融合典范。坚持创新驱动，应用先进技术，创新业务模式，升级电网功能和产业生态，引领能源发展方向。坚持开放共享，实施优势互补、资源聚集，推动服务设施之间的相互融合、合作共赢，形成开放发展、协同共享的新模式。坚持公益优先，始终坚持以人民为中心的发展思想，扩大服务半径，延伸服务范畴，提升服务体验，创建智慧便民服务新业态。坚持示范引领，推动变电站与城市公共服务设施融合共建，充分利用地下空间建设新型基础设施和能源综合体，提供可实施、可复制、可扩展、可推广的国网方案。重点围绕"创新、协调、绿色、开放、共享"构建五大功能分区。

（1）协调功能区

剧村变电站（见图 6-7）是雄安新区第一座枢纽变电站，也是未来"数字化主动电网"中电压等级最高的变电站，项目于 2019 年 9 月正式开工建设，2021 年 6 月成功投运，为建设雄安绿色生态宜居新城提供清洁电能。该站是雄安新区首座 220 千伏新建变电站、首个正式电源点、220 千伏分区环网的重要中间联络站。占地面积 8201 平方米，终期规划建设 4×180 兆伏安主变，本期建成 2 台；220 千伏规划出线 6 回，本期出线 2 回；110 千伏规划出线 16 回，本期出线 4 回；10 千伏规划出线 40 回，承担容东片区、启动区供电的重要任务。

作为雄安新区首座开工、首座投产的城市变电站,创新采用融入式美学和表皮功能化设计、覆土空间开发模式,为雄安新区乃至国内融合式变电站建设提供了可复制、可借鉴的案例。创新表皮功能化设计,融合美学、结构、功能要素,打造更环保、低碳、美观的城市能源设施,通过综合利用周边开放性的公共空间资源,构建能源设施与社会公众和谐共生的示范体。

图 6-7 剧村变电站

(2)创新功能区

建成国内首座兆瓦级站网互动充储放电站。首创提出站网互动(S2G)理念并建成兆瓦级站网互动(S2G)智能充储放电站,支撑新型电力系统灵活控制,实现有效调峰和快速响应。该项目充电设备采用 6 套功率可调的 450kWS2G 主机,共 2.7 兆瓦,车位充电功率可实现 15~150 千瓦动态调整。该设备采用 1.89MW/0.806MWh 电池系统,可代替变压器容量以降低总体容量需求,使充电站配变容量降低为充电峰值需求容量的 1/3 左右。该项目集成站控级能源管理系统、高放电倍率储能、充电功率动态分配、直流母线切换矩阵、AGV 智能功率分配设备和移动抓枪式充电机器人等技术，具有站网双向互动、储能功率输出倍增、充电功率柔性分配、自动泊车充电和削峰填谷等特点。站内搬运机器人和抓枪机器人，实现充电车辆位移停靠、充电枪插拔的自动操作，打造"无人泊车、无尾充电、无感支付"的未来全自动充电示范场景（见图6-8）。

图6-8　机器人自动拔枪充电

部署打造光储零碳能源微系统。按照能源消费节约化、能源管理智能化的建设理念，通过多站融合能源管控系统（CIEMS）构建全面的数据感知网络，广泛接入光储零碳能源微网、低压直流照明、综合能源站、智慧配电等场景，实时获取天气、环境和综合能源站等运行数据，实现多种能源协同互补、能源高效利用，实现零碳绿色供能、高效安全用能、可靠智慧控能（见图6-9）。光储零碳能源微系统由分布式光伏、储能柜、变流器柜及环境监测站、5G基站等负荷组成，实现本地清洁能源100%接入和消纳，节约标准煤2.4吨/年，减排二氧化碳6吨/年、粉尘0.23吨/年。

建成剧村无人机巡检中心（见图6-10）。形成充分融合北斗、人

图 6-9 剧村多站融合能源管控系统

工智能、5G 等关键技术的电网运检新模式，构建以无人机为载体的无人机智能库房，布置无人机全自动机场和配套控制系统等设施，展示无人机自主巡检、5G 图传、北斗导航、远程控制、AI 缺陷识别等技术应用，满足无人机智能化管理、远程巡检管控、巡检数据管理、工作成果展示等业务应用，实现对容东片区和启动区施工区域开展输配电线路无人机自主巡检作业。

图 6-10 剧村无人机巡检中心自动机巢

（3）绿色功能区

剧村打造了国内首家以"双碳"为主题的集实践、监测、科普于一体的综合场馆，实现以"双碳"为目标对碳排的绿色监测和管理，全力服务河北省碳排碳汇监测、"双碳"路径推演、国家政策和绿色低碳理念宣贯、碳交易场所储备等功能。剧村碳管理服务中心以河北省碳达峰碳中和监测平台为基础，依托省级能源大数据中心，以电力数据为基础，通过大数据等技术，建立全行业碳—电映射关系，搭建"以电折碳"的测算模型，可在线监测碳排放、碳汇水平，实现"以电测碳"。科学、全面、客观评估全省社会碳排、碳汇水平，实时监测、掌握"双碳"进程，为政府制定碳达峰碳中和规划、行动方案、政策提供支撑（见图6-11）。

图6-11　剧村碳管理服务中心

（4）开放功能区

秉承新区"五新"发展理念，结合企业窗口功能定位，充分利用剧村变电站覆土空间，在全站开放区域拓展"业务+参观+休闲"三维社区功能，将剧村变电站打造成新区首个"全时开放、全民共享、全业办理、全景展示"的综合服务体，建成全国首家7×24小时全业务自主办理的电力驿站（见图6-12）。以"供电+能效"服务为主线，呈现国家电网公司在综合能源领域、绿色交通领域、共享经济领域和数据增值领域多业态融合发展历程，分析河北能源发展形势，展示新区绿色城市愿景，深入浅出普及生活用能常识（见图6-13），将宣传内容载体有机嵌入站内，实现以业务深化宣传、以宣传优化业务，在满足智慧城市建设与人民群众美好生活需求的同时，塑造有温度、可感知、开放亲和的国家电网品牌形象。

图6-12 7×24小时电力驿站

图6-13 "双碳"主题互动答题区域

（5）共享功能区

建成绿能健身馆（见图6-14）、屋顶花园，呈现与市民共享的生活空间。绿能健身馆内设置游泳池一座，充分利用电力余热和地源热泵实现泳池恒温运转，在提高能源综合利用效率的同时，可降低健身馆运营费用。作为体育公园功能定位延伸，真正达到完善公园配套附属设施，丰富周边居民的业余生活，节能减排、服务公众的目标。

图 6-14　绿能健身馆

屋顶花园采用新中式建筑风格，以国家电网公司 logo 作为工程主题和外部景观的构图中心，整个设计将周边环境和变电站有机融合，犹如自然生长出的能量中心，充分体现公司企业文化。在屋顶花园景观走廊铺设压电地砖，通过压电陶瓷将人体行走产生的动能转换为电能，实时显示行走产生的发电量、消耗的能量及减排效益等信息，同时集成显示环境监测站风速、风向、气温、辐照等信息，实现人与能源间的亲密互动（见图 6-15）。

4. 效益分析

剧村"1+5+X"城市智慧能源融合站的建设显著提升了能源管控能力。通过剧村变电站多站融合建设模式，将变电站、数据中心、充（换）电站、营业厅元素有机融合，大大增强电网调度的灵活性，提升智能电网安全运行能力，提高能源消纳水平，形成公司在能源和

图 6-15 剧村变电站俯瞰

信息融合服务方面的核心竞争力。深度融合能源系统与信息系统，通过多渠道提升能源和信息服务协同性，加速服务优质化过程。通过开展 220 千伏剧村变电站周边公共服务设施地下空间规划，建设新型基础设施，打造了面向未来的智慧能源系统体验中心，推动能源业务场景和关键技术落地与实景展示，实现了新兴产业加速孵化，推进了能源跨界业务融合，能源管控调度能力大大增强。

促进了新兴业务落地，高新技术生态加速形成。通过综合能源服务、碳管理服务中心、S2G 智能充储放电站等示范项目建设，直流生态、电动汽车无线充电、V2G、S2G、北斗+5G 等技术在雄安落地应用，初步搭建了多种能源服务的电力产业生态体系，为解决城市清洁能源供应问题提供了指导方向，为打造安全可靠、绿色集约、经济高效、智能互动的新型城市用能生态做出了有益探索。

推动了能源低碳转型，绿色建筑示范高标树立。通过构建新型柔性供能模式、优化用能方式，大大减少了电能损耗，提升了能源的综合利用效率，打造了全绿色综合能源站点，实现了能源综合高效利用。通过解决变电站与城市景观融合难的问题，构建了科技创新的新示范，打造新区乃至全国城市变电站建设新样板，为近零碳示范区建设探索提供了可复制、可推广的能源电力解决方案。项目建成以来，累计接待国网系统、能源企业、教育及政府机构各行业1000余批次1.4万余人学习调研参观，成为国网公司在雄安新区协调、绿色、低碳、创新、共享的亮丽名片和品牌窗口。项目荣获雄安新区无废城市宣教基地、第八批国家生态环境科普基地、能源科普教育基地、雄安新区首批儿童友好实践基地、雄安新区首批中小学生科学教育实践基地等多项荣誉。

（三）黄骅港绿色低碳转型示范

1. 项目背景

港口作为海洋活动与贸易运输的重要枢纽，是水陆运输的交接点、货物的集散地以及船舶与其他载运工具的衔接点，大量机械作业、车辆以及船舶运输使港口成为耗能和碳排放大户，能源消耗量占交通运输业能耗的比例较大。推动港口绿色低碳转型，打造"低碳港口、零碳港口"是贯彻"碳达峰、碳中和"战略的具体行动，是推动世界一流智慧绿色港口建设的重要举措。

黄骅港是我国西煤东运、北煤南运的重要枢纽港口，是津冀沿海港口群重要组成部分、雄安新区和中西部腹地便捷出海口，全国沿海27个主要港口之一。自2019年开始，年完成吞吐量连续两年位于全国沿海港口第10位，跻身世界港口20强，是环渤海港口群中最具成长性的亿吨大港。黄骅港区位优势、政策优势、发展优势、资源优势明显，吸引了大量冶金、化工、能源、生物制药等企业落户，是沧州加快建设具有竞争力、吸引力、承载力的现代化沿海经济强市的重要引擎。

2023年5月11日，习近平总书记到黄骅港煤炭港区码头调研考察并做出重要指示，为推进黄骅港转型升级和高质量发展提供了根本遵循。为深入贯彻习近平总书记调研黄骅港重要讲话精神，落实"双碳"战略部署，黄骅港深化与能源电力企业合作，围绕新能源开发利用、电能替代、绿色交通、节能改造等方面积极探索，加快黄骅港绿色低碳转型，努力打造"碳达峰、碳中和"示范性港口，助力港航产业清洁、低碳、高质量发展。

2. 实施思路

黄骅港聚焦"双碳"目标落地，明确"能源供给清洁化、港口机械车船电动化、能源利用高效化、作业工艺流程化和能源管理智慧化"的发展路径，主要通过可再生能源替代、能效提升和电气化、碳交易等措施，推动形成"能源供应低碳化+能源消费电气化"的用能供需模式，打造以可再生能源为主导的高度电气化用能系统，推动港口绿色低碳转型，实现"碳达峰、碳中和"。

（1）可再生能源替代：优化港口能源利用，提升风能、太阳能、氢能等清洁能源和可再生能源在港口的使用比例。

（2）能效提升和电气化：降低柴油、汽油等化石燃料的消耗；通过智能化、节能管理、节能改造等手段提高能源利用效率。

（3）碳交易：通过绿电认购、绿证交易、碳交易等方式满足降碳需求，加快港口"碳中和"步伐。

3. 建设内容

（1）推动能源供应低碳化

加快沿海地区新能源发展。黄骅港及周边区域风、光、土地等资源丰富，给港口新能源发展、取代传统化石能源提供了优质条件。近几年，沧州市大力推进新能源发展，截至2023年底，沧州沿海区域总装机665.2万千瓦，其中新能源装机容量337.43万千瓦、占比达50.7%。预计2025年风电光伏装机容量将达到563.93万千瓦、占比52.6%，2030年将达到1367.43万千瓦、占比67.9%。

积极推进分布式电源开发利用。港口风、光资源富集，拥有大量堆场、边角空地、防波堤、绿化带以及仓库等较大屋顶面积建筑物，为发展分布式电源提供了良好条件。黄骅港聚焦港口用能多元需求，因地制宜布局多种分布式可再生能源系统，将风电、光伏融入港口码头设计之中，提升自发自用绿电的渗透率，加快"碳中和"步伐。①利用港区内厂房屋顶、景观湖以及闲置空地，开发建设6.73兆瓦分布式光伏发电设施，布置太阳能面板7万多平方米，年发电量约725.2万千瓦时，年节约用电成本435.12万元。光伏发电系统并入港区供配电网，为整个港区用电设施提供绿色电力供应，优化港区用能结构。②规划建设8台6兆瓦风力发电机，总装机容量48兆瓦，设计年发电量150592.3兆瓦时，进一步提高港区绿色电力自给率。③深化与能源企业合作，利用港口码头1.8万平方米闲置堤岸，建设3.67兆瓦分布式光伏，每年发电量约450万千瓦时，主要用于新能源汽车充电、码头照明和设备动力电力供应，打造港口"绿电交通+新能源"应用场景。并围绕海上风电、防波堤风电、零碳港口新型电力和储能系统、智慧零碳储运基地、绿电转化及新能源基地建设等方面开展全方位合作。

（2）提升能源消费电气化水平

一是大力推广"港口岸电"技术应用。船舶停靠港口作业时，需开动船上的辅助发电机发电以提供必要的动力，会产生大量的污染气体。推进港口岸电设施建设，提高岸电使用率，是降低到港船舶靠泊期间碳排放的有效手段。聚焦不同类型船舶对供电频率、电压差异性需求，大力开展技术创新，开发多频多压多馈线岸电供电系统和低成本紧凑型船用变频装置，解决岸电系统在电压、频率、保护等方面与多种船舶不匹配、不兼容的问题，并建成具有岸电系统运行监控、计费管理和统计分析等功能的智能用电服务平台，实施岸电使用绿色通道、适度减免使用岸电设施船舶相关费用等激励措施，提高港口岸电使用率。自 2016 年起，累计投资 1.21 亿元率先在全国完成覆盖 21 个泊位的高低压岸电系统，码头岸电覆盖率达到 100%，提前 3 年完成河北省对黄骅港的岸电部署建设目标。2023 年累计接船 1068 艘次，岸电使用量 401.5 万千瓦时，替代靠港船舶燃油消耗量 883.3 吨，减少二氧化碳排放 2859 吨，有效减少靠港船舶大气污染物排放。

二是实施装卸运输设备电气化改造。港口使用化石燃料的机械主要有起重机、吊运机、叉车、集装箱卡车等设备。通过动力系统改造可以实现电能替代，将自卸车、牵引车和装载机的柴油动力系统改为纯电动系统，将拖船等作业船舶改造为"电力推进+储能电池"混合动力系统，利用高效的电能既能大幅削减使用柴油所排放的大气污染物，又可以充分利用分布式电源和低谷电力，降低综合用能成本。黄骅港大力实施起重机、吊运机等装卸设施动力系统电气化改造，推广应用电动皮带廊，实现黄骅港货物运输"以电代油"，年替代电量 6000 万千瓦时，可减排各类污染物近 2 万吨。积极推广使用电动运输车辆，港内现有电动卡车 120 台、电动转运车 80 辆，建设充电站 7 个、充电桩 42 个，年充电量 500 万千瓦时，减少燃油消耗 246.42 万升。

三是积极推进"岸电入海"。敷设两条 18 公里海底电缆线路，两处海上作业平台实现岸基供电，取代"耗能高且污染大"的柴油发电机"自发自用"的用能方式。投运以来，年供电量约 1.6 亿千瓦时，节约用能成本 52%，每年减少二氧化碳等污染物排放量约 17 万吨。"十四五"期间规划新建 6 座海上采油平台，每座平台年均用电负荷 12 兆瓦、用电量 0.84 亿千瓦时，为满足用电需求，已规划 110 千伏季家堡站等多座沿海变电站，投运后将进一步提高海上平台供电能力，提高供电可靠性。同时，积极开展技术创新，建立采油平台岸基供电系统网络拓扑经济性和可靠性优化模型，研究陆上电网与海上平台间故障检修和自愈方案，开发海底电缆和关键设备监控平台，提高供电可靠性，为后续新建海上平台岸基供电提供技术支撑。

四是创新变压器租赁模式。填海造地用电周期短、用电量大，创新采用变压器租赁模式，推动真空预压软地基处理"以电代油"，降低用电成本。每年可实现替代电量 4000 万千瓦时，减排各类污染物近万吨。

（3）提升能耗和碳排放综合管控能力

一是完善能源监测体系。建设生态能源管理平台，实现对全港电、油、水的实时动态监控管理和碳排放的监测分析，全面掌握能源消耗和碳排放的分布情况，提升能源和碳排放管理水平。同时，定期开展能源审计和能效对标，并自 2019 年起每年开展温室气体核算工作，全面识别港区主要用能设备设施和温室气体排放源，全面掌握港区能源使用和温室气体排放情况。

二是认购可再生能源绿色电力证书。积极推进能源消费结构清洁低碳化转型，2023 年，共购买 30 万张绿色电力证书，通过绿证交易实现了全港电力消费间接排放的"碳中和"，在积极履行减排主体责任的同时推动企业低碳转型升级，港区现在所有用电均为外购绿证。

（四）廊坊"多能互补+光储直柔"绿色建筑微电网示范项目

1. 项目背景

廊坊临空经济区承接北京优质要素和产业转移，是廊坊地区乃至河北省对外展示门户，并且，园区率先开展了零碳示范园区的整体建设，正处于快速建设发展阶段，能源基础设施规划十分丰富。因此，国网廊坊供电公司选取廊坊临空经济区作为实践新型电力系统建设的先行示范区（见图 6-16）。

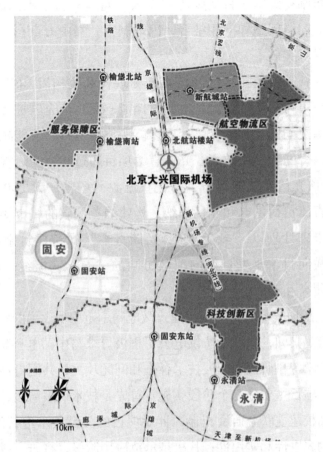

图 6-16 廊坊临空经济区区域分布

　　示范区遵循廊坊临空经济区智慧城市"数化万物、智绘未来"的顶层设计理念，根据园区区域定位、资源禀赋、电网基础、源荷特征、外部环境等，以源网荷储多向协同、灵活互动为坚强支撑，开展"多能互补+光储直柔"绿色建筑微电网示范项目建设，为临空经济区打造低碳绿色高效型园区贡献电网力量。

　　2.实施思路

　　"多能互补+光储直柔"绿色建筑微电网示范项目以新型电力系

统助力廊坊临空经济区打造廊坊"零碳"落地先行示范园区为背景，坚持目标导向与问题导向相结合，因地制宜，集中力量在重点领域和关键环节寻求突破。

多能互补项目依托临空经济区国际现代商贸物流 CBD 区域内光伏、地热等可再生能源，配备电化学储能、交直流充电桩等设备，利用多种能源之间的互补耦合，实现多能源协调运行、节能减排，提升市民中心综合能源利用效率；光储直柔项目通过结合国际现代商贸物流 CBD 屋顶光伏及储能设备，搭建直流源荷场景，满足电动汽车充电需求、直流负荷供电和光伏消纳，构建绿色低碳的城市楼宇级直流微电网。未来计划以"多能互补+光储直柔"绿色建筑微电网为依托，打造横向自治平衡、纵向配微协同的"台区—馈线—区域"分层分区源荷高互动配电网。

"多能互补+光储直柔"绿色建筑微电网示范项目由国网廊坊供电公司主持建设。其间，国网廊坊供电公司积极寻求与中国电科院、清华大学、天津大学等科研机构开展技术合作和问题攻关，共同打造绿色建筑示范项目。项目主要分三个阶段实施：首先是技术研发阶段，持续与科研院所、高校建立联合研究机制，针对项目的关键技术进行深入研究，确保技术的先进性和实用性；其次是示范应用阶段，将研究成果应用于实际运行中，验证系统的稳定性和经济性；最后是市场推广阶段，根据示范效果，制定市场推广策略，拓展应用领域，实现技术的产业化发展。

3. 建设内容

在"双碳"战略发展背景下，园区面临着节能、减碳、降本、增效等多方位挑战，通过云大物移智等先进数字信息技术在电力系统各环节的广泛应用，助力各环节实现高度数字化、智慧化、网络化的革新升级，有效支撑源网荷储海量分散对象的协同运行和多种市场机制下系统复杂运行状态的精准决策，推动以电力为核心的能源体系实现多种能源的高效转化和利用（见图 6-17）。

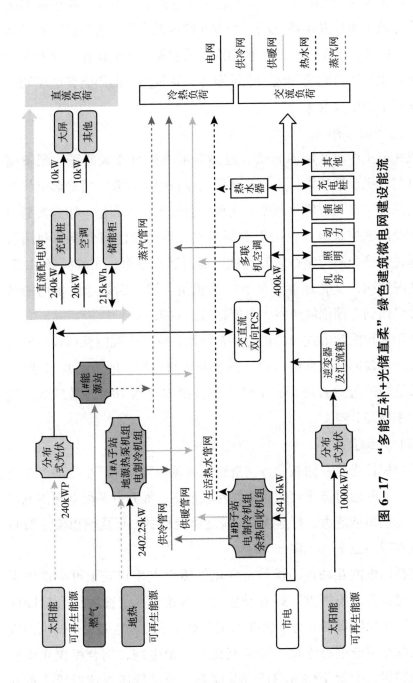

图 6-17　"多能互补+光储直柔"绿色建筑微电网建设能流

"多能互补+光储直柔"绿色建筑微电网示范项目主要包括多能互补、光储直柔以及柔性互联三个方面的示范应用。通过技术赋予绿色建筑用能柔性灵活特性，实现用能负荷智能化灵活调控，随着逐步走向市场化的需求响应和电力辅助服务，建筑用户的用能自适应调节可以获得更多的收益。

（1）多能互补

依托市民中心区域内光伏、地热等可再生分布式能源，配备储能、电制冷机、燃气锅炉、余热利用回收机组等设备，将冷热电气等多种能源统一接入、优化调度，实现绿色能源高效利用。作为典型模板，推动园区建筑级绿色微能源网建设，提升园区综合能源利用效率。通过打造源网荷储智慧互动能源运行管理平台，实现园区供能、用能情况监测，优化地源热泵、冷水机组、燃气锅炉等设备用能策略，最终达到电网削峰填谷、节能减排的效果。

利用多种能源形式间的耦合互补特性，满足不同能源形式间的梯级利用。实现园区级微网自治、多能源协调运行、能源运营与管理、精准节能降碳等管理应用，柔性负荷资源占比达20%，用户综合能源利用率提高25%。

（2）光储直柔

结合屋顶光伏及储能设备，搭建直流源荷场景，满足电动汽车充电需求，同时通过低压台区间柔性互联设备，提升有源配电网供电可靠性和光伏消纳能力，打造100%绿色用能场景，形成城市楼宇级直流微电网应用范本（见图6-18）。

依托微电网互动自治优势，强化保障重点用户安全可靠供电需求，通过提升微电网群友好互动能力，构建台区级微网综合保障体系，进一步保障极端状态下指挥系统等重点部位、重要用户的电力供应。在临空服务中心建设"光储充直柔"微电网，结合屋顶光伏发电系统建设，配置100kW/215kWh储能，通过低压直流母线实现互

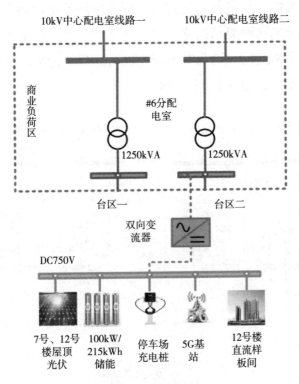

图 6-18　光储直柔原理

联。正常情况下，光储系统主要满足电动汽车充电需求、重要直流负荷供电和光伏消纳；故障情况下，微电网可以脱网运行，打造光储"安全线"，依托智能微网管理系统平台，构建以保供为核心的安全可靠型的城市楼宇级微电网，实现重要用户微电网托底保障100%覆盖。

（3）柔性互联

开展台区柔性互联合环运行示范工程，选择具备时空耦合特性的现代商贸物流 CBD4 号楼君澜酒店与 5 号楼商业办公楼两个台区，基于信息采集系统和自动化主站系统，通过分布式光伏实时出力和设备实时负荷监测情况，利用柔性互联设备实现低压联络的台区合环运行要求，基于柔性互联设备功率调节功能实现网架结构动态重构、功率互济，增强配电网网架结构适应性、灵活性，解决配电网时间、空间上的供需不平衡问题，增强有源配电网可靠供电能力，提高区域电网利用效率和投资效益（见图6-19）。

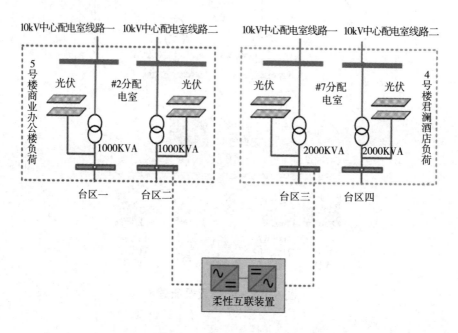

图6-19　柔性互联示范

4.效益分析

"多能互补+光储直柔"绿色建筑微电网作为一种创新的能源利用模式，具有显著的经济、社会和环境效益，充分聚焦电力安全保供与能源转型，是开展园区新型电力系统建设的积极探索与有效实践。

（1）经济效益

有效提升分布式电源对电网的主动支撑能力及可调节资源灵活互动能力；有效降低电网运维人力成本、时间成本以及停电造成的经济损失；探索提高可调节资源市场营收，同时提高园区配电网整体建设、运行、运营全环节阶段收益。根据测算，绿色建筑项目平均每年预计发电量约 126 万千瓦时，相当于减少碳排放 720 吨。在项目全寿命周期内，可节约费用约 3233.6 万元。

（2）社会效益

有效提升园区配电网对分布式光伏和充电桩的承载能力，有效推动源网荷储高效开发和利用，促进分布式光伏、充电桩、储能等产业链在园区的科学布局和高质量发展，用户综合能源利用率提高 25%，提升园区能源利用效率，降低园区整体碳排放强度和碳排放总量，助力园区"零碳"目标实现。

（3）示范效益

打造"电力优质供应平台、能源绿色转型平台、资源优化配置平台+双碳管理服务平台"的"3+1"园区新型电力系统"典型模式"，打造新型电力系统建设、运行、运营全环节全业务的"典型方法"，形成具有冀北特色的园区"零碳智慧"新型电力系统建设"典型经验"，打造廊坊"双碳"落地先行"示范园区"。

二　乡村能源安全新战略综合示范场景

（一）正定新型电力系统

1. 项目背景

正定作为河北南网 24 个整县光伏开发试点县之一，其产业结构已完成基本转型、生态文明建设初见成效、能源资源禀赋良好，可借助优良的内外建设环境，发挥电网引导作用，促进整县光伏有效可靠全额消纳、有序健康发展，在确保电网安全可靠运行前提下，能源供给更加绿色低碳、经济效益更加显著提升，低碳、安全、经济能源三角有序平衡运转。

正定新型电力系统的建设宗旨是以整县屋顶分布式光伏试点建设为抓手，服务支撑新能源快速发展，探索新型电力系统建设经验和成果。打造一批具有典型河北特色、首创领先水平且可复制、可推广的示范项目，率先形成适应新型电力系统的普遍推广技术导则和建设标准，推动构建电力市场和碳市场协同机制、碳价格与电价联动机制，形成适应市场变化的经营服务新模式，为新型电力系统建设贡献河北智慧。

2. 实施思路

进行光伏资源精准评测和电网消纳能力评估，以用户、台区、馈线、主变分层平衡与灵活互济为目标，进行源网荷储协同规划，科学合理地引导分布式光伏有序建设，配套电网能够同步规划建设，两者相互匹配、相互迭代升级。

构建具备云边协同、全景感知、灵活互动、智能决策等能力的源网荷储分层分级协同调度控制平台；以绿电数据为核心搭建能源数据平台，服务源网荷储各相关主体及政府主管部门的双碳决策。

研发云管边端多层级协同调控与电压治理技术、基于异构终端协议适配的即插即用和5G通信技术、基于需求侧响应的灵活性资源双向互动调节技术。

依托正定曲阳桥乡、塔元庄、园区等典型示范场景，根据示范区资源禀赋，打造光伏并网消纳、绿色低碳用电、综合能效管理、多源融合安全用电等多种服务新模式（见图6-20）。

3. 建设内容

正定新型电力系统示范工程包括源网荷储协同调度系统、曲阳桥乡4个示范村配套电网适应性改造升级、塔元庄及园区多能互补、能源大数据应用等项目。

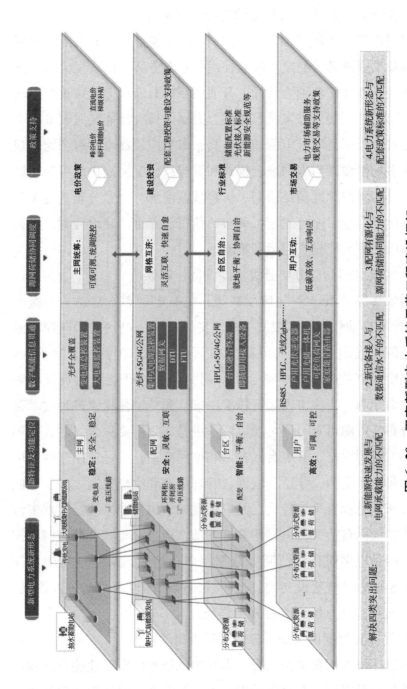

图6-20　正定新型电力系统示范工程建设框架

（1）探索适应新型电力系统的配网规划路径

精准测算整县光伏屋顶资源，评估电网消纳能力，开展配套电网升级规划及投资测算，制定互联互补优化整合方案。以实现分布式能源在台区层、馈线层消纳为目标，开展区域内分布式储能装置布局规划，制定储能装置接入方案及容量配置方案，研究储能装置调节功率的控制方式。模拟县域配电网动态仿真，率先应用概率性有源配网规划。探索多场景微网与电网融合模式和低容载比配网高供能可靠性典型模式。统筹考虑源网荷储协同、综合效益情况，探索分布式电源及电网工程建设合理时序，制定可调节负荷资源库推广建设计划，研究电网侧及用户侧储能投资与运营策略。

（2）构建源网荷储分层分级协同调度控制系统

电网侧贯穿"配、调"应用系统，提高电网感知穿透力，融合D5000、配电自动化数据和控制手段，提升高中压电网的协同控制能力。源荷侧建设高颗粒度的负荷出力预测功能，在调控云接入 4×4km 辐照度实测数据，聚类拟合负荷出力曲线，开展短期负荷超短期负荷出力预测，支撑电网运行精准决策。源荷储侧探索多种技术路线实现分布式资源可观可测可控可调。一是应用配变融合终端，采集测量分布式资源数据，开展台区自治和电网互动；二是应用互联网边缘代理采集光伏出力，穿透互联网、管理信息和生成控制大区，低成本实现分布式电源直采直控；三是应用微网边缘控制系统，实现多台区、多线路微网自治，与电网侧友好互动，迈出分布式资源群调群控第一步；四是应用现有"营调"数据接口，挖掘用采集中器应用深度，在新型电力系统建设初期打造可快速推广的可观可测可控模式。在正定形成新型电力系统"县调"样板。

（3）提高有源配网供能可靠性和运维保障能力

科学有序推进配套电网工程，提升中低压不停电作业能力；建设配网电能质量动态监测及分级治理能力；提升低压台区新能源智能感知、协调自治和运维保障能力；加强有源配网安全作业及应急处置能力，摸索有源配网供能可靠性和运维保障提升经验。

（4）打造适应新型电力系统的服务模式

简化分布式光伏审批流程，提供新能源并网服务。通过能源层级协同控制，打造多场景多能互补梯级利用模式，利用需求侧响应实现用户侧削峰填谷和综合能源服务。建立能源数据平台，为聚合商提供新能源交易服务，为各主体参与正定新型电力系统建设提供技术支撑，促进电力用户在生产、消费各环节的能源优化配置，服务政府治理和科学决策。

（5）构建新型电力系统数字信息网

设计典型县域通信主配网架，试点5G低成本公网通信应用，制订屋顶光伏配电通信网接入标准，建设县级能源大数据中心，推动能源行业数据集成，拓展多场景数据应用，打造县级数字信息化技术标准模板。

（6）建立新能源发展的配套政策体系

为适应新能源快速发展，促请政府制定相关政策，引导用户削峰填谷，改善电力供需状况，促进新能源消纳，确保电网安全稳定运行。争取市场化电价引导政策，强化电价政策与节能减排政策协同，持续完善高耗能行业阶梯电价等绿色电价机制。完善电力市场辅助服务机制，推广负荷聚合商模式扩大市场化参与规模，探索在新能源快速发展、大规模接入下"政企商"协同模式。通过正定四个场景的示范作用，总结工作经验，促进新能源规划、接入、消纳、运维等相关标准规范体系的形成和完善。

4.效益分析

正定新型电力系统建设在新能源发展、经济产业结构、电网升级、试点建设等方面形成典型的模式和标杆、创新成果，为顺利推进整县光伏战略任务做好示范。

（1）经济效益

建成源网荷储分层分级协同的调度控制系统，曲阳桥示范区域新型电力系统成为高弹性、高承载电网，保证新能源高渗透下新型电力系统的安全经济运行。通过信息共享和大数据分析，优化可再生能源消纳配置，实现源网荷储灵活互补，减少尖峰负荷的电网建设投入率，提高电网设备利用率、降低系统备用容量，减少电网不必要投资，每年节约投资 500 万元。取消接入方案审查等环节，合并光伏并网与逆变器立户等流程，并网时长压减 27%，并网容量同比增长 49%，农村地区光伏长期收益固定资产同比增长 70%，发电收益同比增长 43%，光伏产业成为促进乡村经济发展的有效助推器。

（2）社会效益

打造正定县级能源数据云平台，实现能源数据汇聚、共享、分析、优化，构建跨行业标准碳排放计量模型，从可观测性和可描述性两方面提升碳排放管理和决策支撑水平，促进电、能、碳业务有机融合。依托朱河站空气源热泵、中心湖商务中心水源热泵、惠新供热分布式光伏及职教园区空气源热泵等元素，构建以电力为主，水源、地源、太阳能、空气能等互为补充的用户侧产销一体化场景，部署需求响应终端，建立柔性负荷响应调控机制，构建需求响应柔性调节、多能互补、梯级利用示范运营模式。推广"全带电"作业模式，依托能源控制器、HPLC 智能表等装置，实现区域能源自治、主动运维、精准抢修等，农村地区供电可靠率提升 0.091 个百分点。

（3）生态效益

打造"新能源+"农业、旅游、社区等多个新能源场景，构建可复制、可推广、可持续的乡村电气化用能服务新模式。打造滹沱河全电景区风景带，沿岸部署风光储一体化路灯 140 余座，年清洁能源供给量 1.46 万千瓦时，满足了游客夜晚照明需求。助力塔元庄村形成以电为主，以光伏、地热、空气能等为辅的综合能源开发利用模式，清洁能源供电量达到 279 万千瓦时，电能终端消费占比提升至 54.8%，年减排二氧化碳约 1800 吨（见图 6-21）。

塔元庄村委会 ｜ 塔元庄木屋民宿小镇 ｜ 塔元庄老年公寓 ｜ 塔元庄同福乐园

塔元庄中低压物联感知台区 ｜ 正定博物馆 ｜ 朱河站 ｜ 典型场景应用管理系统

图 6-21　正定新型电力系统示范工程典型应用场景

（二）平山蹐马村分布式台区储能项目

1. 项目背景

平山县地处河北省石家庄市西部，地势自东南向西北逐渐增高，地形多山。蹐马村地处山区，每年春秋冬干燥季节面临着山区森林防火的重大压力。该村处于 35 千伏康庄变电站 10 千伏 664 蹐马线末端，山火预警时平山供电公司为预防山火对蹐马线部分区段采取停电措施，导致蹐马村台区停电，共计 25 户失电，负荷损失功率高达 26 千瓦，给用户用电带来了极大不便，对用电满意度造成了较大影响。同时，蹐马村较为偏远，供电所员工操作时往返时间较长，单独配置储能装置也难以及时实现并离网切换。新建 10 千伏线路组成双电源供电，一方面无法避开森林防火区，另一方面电网投资较大，无法满足经济运行要求。

2. 实施思路

（1）问题梳理

频繁停电：山区森林防火 10 千伏线路停电避险时，蹓马村台区用户停电，无法进行正常生产生活。

低电压：蹓马村台区位于 10 千伏线路最末端，电能质量相对较差，用户用电体验难以保障。

复电时间长：蹓马村距离供电所较远，人工操作台区低压侧开关控制储能并离网难以实现。

（2）需求分析

通过配置储能方式，在森林草原防火避险停电期间，可为蹓马村低压侧负载连续供电 24 小时，解决台区频繁停电问题。

经过对往期用电负荷统计及分析可知，2021 年蹓马村台区最大功率为 26.17 千瓦，日平均用电量为 35.55 千瓦时，最大日用电量为 82.50 千瓦时（见表 6-1）。按照为蹓马村低压侧负载连续供电 24 小时计算，台区配置的储能系统功率为 50 千瓦，电池总容量为 100 千瓦时。

表 6-1　2021 年蹓马村台区负荷统计

容量(千伏安)	最大日用电量(千瓦时)	最大功率(千瓦)	日平均用电量(千瓦时)
100	82.50	26.17	35.55

通过加装自动快速开关和储能变流器，实现线路停送电自动切换、提升末端电压功能，解决蹓马村台区复电时间长、低电压问题。

可移动储能装置具备设备多地点复用特点，选用可移动储能装置可提升设备利用效率，最大化发挥投资效益。

综上所述，考虑在该台区接入可移动的、拖拽式的预装式储能装置，在山火多发期储能装置提前运载、吊装并接入台区。在上级电源失电后，断开台区低压侧开关，储能装置离网运行，为台区负载供电。上级电源复电后，储能装置并网运行。同时在其他时期，预装式储能装置还可移至他处作为其他农业或工商业用户侧储能，发挥削峰填谷、改善电能质量、弥补电力供应不足等多种功能。

3.建设内容

配置 50 千瓦/100 千瓦时储能系统 1 套，400 伏台区配电柜 1 台。储能系统 0.4 千伏并网，集成于预制舱内，内部包括 1 套 100 千瓦时电池簇，采用单体的 3.2 伏/120 安时的磷酸铁锂电池，1 台 50 千瓦储能变流器（三相四线）、1 台 DC/DC 升压变流器和 1 套快速自动开关。储能系统配备 1 套七氟丙烷气体灭火系统、1 台空调、1 套动环系统（烟感、水浸、门禁等）；配置 1 套 EMS 能量管理系统，采用标准化的通信和硬件接口，预留远程控制器接口，便于系统的扩展和可观、可测、可控。储能系统采用多级协调、优先级分明的控制策略。

采用可拖拽的移动式预制舱储能系统，在非森林防火停电避险期间，可运载至其他农业或工商业用户侧储能需求处，实现装置复用和功能多用。采用机械式自动快速开关，在上级停电后，台区低压侧开关 2 秒左右实现并离网自动切换，在最小化停电时间的基础上，降低投资额度和施工工程量。

4.效益分析

（1）提高供电可靠性

在防山火停电避险期间，以离网型微电网的形式为台区周边居民供电，减少居民停电损失，提高供电可靠性和用户的用电满意度。

（2）改善电能质量

山区配电网供电半径长，末端台区电能质量差，分布式储能可缓解台区低电压、三相不平衡问题，改善电能质量。

（3）降低运营成本

依靠新能源和分布式储能协调运行，实现台区本地自平衡，一方面减少不必要的电网建设，提升投资效益；另一方面，减少长距离线路输送电量，降低线损率。

（4）促进电网协同发展

随着分布式新能源的发展，配电变压器运行面临着多重压力，台区分布式储能将成为缓解台区运行问题的最直接方案，它具有容量小、分布广的特点，将有效带动储能行业的发展。

（5）促进新能源并网

山区末端负荷小，新能源消纳能力有限，分布式储能接入台区后，可增加台区新能源接入能力，促进能源绿色低碳转型。

三 新能源高质量发展示范场景

（一）国家风光储输示范工程——全国首家"新能源+储能+调相机"新能源场站

1. 项目背景

张家口作为华北地区风能和太阳能资源最丰富的地区之一，属于全国重要的可再生能源生产基地和电力输送通道节点。同时，张家口电网地处冀北电网的西北部，担负着"西电东送"重要任务，是京津冀电网的重要组成部分。截至 2023 年底，张家口可再生能源装机规模达到 3291 万千瓦。张家口特高压站通过张家口—保定双回线路接入华北 1000 千伏主网，汇集新能源场站装机容量大，送端区域缺乏支撑性电源，抗系统故障扰动冲击能力差。新能源多场站短路比偏低，电网故障后暂态过电压、低电压问题突出是制约张雄特高压工程新能源送出的主要因素。电网故障后新能源机端暂态过电压过高，可能造成机组脱网，甚至发生大规模连锁脱网事故。因此，目前运行中需要限制新能源场站出力，以保证系统安全稳定运行。

面对新能源装机逐渐成为电网的装机主体和电量主体，国家对电力系统安全稳定运行也提出了相关要求，在新能源场站配置分布式调相机成为有效提升新能源场站短路容量支撑能力，提高新能源场站送出能力的必要手段。

国家风光储输示范工程是风电、光伏发电、储能及智能输电工程四位一体的新能源示范工程，采用世界首创的风光储输联合发电技术路线，破解了大规模新能源并网消纳的世界性难题，完成阶段性成果，增强了我国在全球新能源领域的影响力和话语权。同时，开创储能规模化应用先河，建成世界上试验检测能力最强、运行方式验证最灵活、新能源装备种类最全的新能源综合利用工程，成功搭建试验国产化新技术、新装备技术水平的科技创新平台。为继续破解大规模可再生能源接入电网瓶颈的伟大使命，国网冀北风光储输公司主动作为，于2022年底成功并网两台50兆乏调相机系统，等于给新能源电网安上了"稳压器"，能够抵御更多的电流波动攻击，使电网电压更稳定，同时增加并网量，由此标志着国内首个具备"新能源+储能+调相机"模式的新能源场站正式建成投运。

2. 实施思路

高比例新能源汇集区域新能源场站存在主动支撑能力弱、多场站短路比低、电压波动异常敏感等问题，抗系统故障扰动冲击能力差，严重制约了新能源送出。在新能源场站合理布置调相机，可使新能源场站具备像火电机组一样的特性，对电网提供强支撑作用，解决电压支撑能力不足导致新能源送出受限的难题。影响新能源多场站短路比的主要因素有：新能源接入点的系统短路容量、本场站的新能源出力、周边其他场站的新能源出力和场站之间的互阻抗/自阻抗。本场站和周边场站的新能源出力越大，新能源多场站短路比指标越低。因此，在新能源接入点电网结构一定的前提下，受新能源多场站短路比制约，新能源出力将受到限制。

按照张雄特高压工程送出 540 万千瓦、四座 500 千伏站汇集新能源均匀出力计算，张雄特高压送端区域各新能源场站机端短路比在 0.91~1.13，均在 1.5 以下。若保证各新能源场站机端短路比 1.5 以上，张雄特高压汇集新能源最大出力约 390 万千瓦。

综上所述，张雄特高压送端区域新能源发电长期受限，特高压工程本体送出能力未能得到充分利用，为了提升张雄特高压送端区域新能源消纳水平，迫切需要采取有针对性的措施，从源端解决新能源场站短路比偏低问题。在新能源场站配置分布式调相机是目前提升新能源多场站短路比最为有效的措施。相对于传统主网侧大型调相机，新能源侧分布式调相机具有集成度高、系统简单、建设周期短、调节性能好等优点，既能发挥系统动态无功储备的作用，又能为新能源电站提供次暂态、暂态、稳态全过程电压支撑。因此，有必要考虑在张雄特高压送端区域新能源场站部署调相机，提升新能源场站短路容量支撑能力，从而保证电力系统安全稳定运行，提升地区新能源利用率。

从电源与电网整体规划出发，在示范工程部署分布式调相机，可有效解决场站自身短路容量支撑不足问题，提升新能源送出能力。示范工程并网风电容量 500 兆瓦，光伏容量 100 兆瓦，场站内最大可布置的调相机容量为 2×50 兆乏，全站机端最低短路比为 1.5。同时，在调相机投产前，委托冀北电科院开展电磁暂态建模和仿真校核工作，确保调相机组并网后的安全稳定运行。

3. 建设内容

本项目建设内容是在国家风光储输示范工程金阳 220 千伏变电站装设两台 50 兆乏调相机。调相机系统主要由调相机主机、升压变、润滑油系统、冷却系统、厂用电及直流系统、变频启动系统、电气、励磁和保护系统、热工系统、智能监测系统等组成。采用户内布置，设置主厂房，厂房内布置调相机及其辅助系统。

（1）明确调相机选型

调相机具备过载能力且无功输出受系统电压影响小，在强励作用下，可短时间内发出超过额定容量的无功，并且可对持续时间较长的故障提供较强的无功支撑，增加短路电流，故障瞬时调相机将向系统输出较大无功电流，可提高弱系统短路容量。

调相机的转子有凸极和隐极两种构造形式。国内制造凸极机型式调相机的最大容量为 100 兆乏，而各种容量的隐极机型式调相机国内均具备制造能力。相对于凸极机型式的调相机，隐极机型式调相机具有暂态特性好、占地较小、重量轻等优点，型式为三相二极同步电机。调相机为内外机座结构，外机座上下分半，椭圆瓦座式轴承。本项目最终选用了 50 兆乏隐极机型式调相机。

（2）做好调相机电气接线研究

示范工程 35 千伏母线接入装机容量及可用间隔情况如表 6-2 所示。

表 6-2　示范工程 35 千伏母线接入装机容量及可用间隔情况

#1 变				#2 变				#3 变				#4 变			
#1 母线		#3 母线		#2 母线		#4 母线		#5 母线		#7 母线		#6 母线		#8 母线	
接入容量	可用间隔	接入容量	可用间隔	接入容量	可用间隔	接入容量	可用间隔	接入容量	可用间隔	接入容量	可用间隔	接入容量	可用间隔	接入容量	可用间隔
99 兆瓦	1	50 兆瓦	0	103 兆瓦	1	41 兆瓦	1	85.5 兆瓦	1	82 兆瓦	0	67 兆瓦	1	100.5 兆瓦	2

为实现最大化提升场站短路比从而提升发电出力，降低弃电率的目标，两台 50 兆乏调相机采用调相机—变压器组单元接线，分别接入示范工程 35 千伏组串#2 母线和#5 母线上。调相机区域就地设置调相机 35 千伏配电段。调相机就地 35 千伏配电段为调相机房厂用电以及 SFC 启动系统供电，亦连接调相机发变组。每台调相机各设置一

段 35 千伏配电段。

（3）开展调相机系统设备技术研究和应用

一是深入分析调相机不同运行工况下关键数据，积极参与"新能源+储能+调相机"协调控制技术研究和场站级动态控制平台研制，做好创新成果试点示范，打造送端高比例新能源电力系统示范基地应用样板。

二是深化调相机控制策略探索研究。调相机同时具备短路容量支撑作用和动态无功补偿能力，但不具备过滤谐波的能力，因此在调相机投运后，改进 AVC 子站无功电压控制策略，实现调相机与站内 SVG 等无功补偿设备间的合理配合。开展新能源场站内 SVG、调相机协同控制策略研究和控制功能完善。

4. 效益分析

（1）示范引领，为区域新能源场站投身"双区示范"首开先河

作为张雄特高压下首批并网投运的调相机项目，国家风光储输示范工程深化"新能源+储能+调相机"运行模式研究和应用，有效解决新能源消纳问题，多次在冀北分布式调相机部署工作推进会上进行成果汇报，持续树立传播样板形象和典型经验，为张雄特高压送端区域内 27 台分布式调相机陆续建成投产提供了先行"样板"。

项目投运以来，累计接待华能集团、京能集团等发电企业调相机专项调研 15 次，央视《新闻联播》以国家风光储输示范工程调相机项目为案例报道冀北供电公司服务新能源高质量发展、增强能源保障能力的特色举措，产生了良好的社会影响。

（2）主动支撑，为冀北电网实现新能源从装机主体到电量主体的跨越发展保驾护航

2023 年，"新能源+储能+调相机"模式在冀北电网取得突出成效，建成国内规模最大的新能源汇集系统分布式调相机群，通过推进"新能源+调相机"模式落地应用，冀北电网已累计提升新能源送出

能力 140.5 万千瓦。

国家风光储输示范电站 2 台调相机组投运后，全站最低机端短路比提升至 1.5，依托调相机的动态无功支撑、转动惯量支撑、抑制暂态过电压等功能特点，有效缓解新能源场站短路容量不足、电压支撑能力差的难题。调相机无功支撑能力、动态响应速率、设备过载等指标均远优于 SVG 与新能源发电设备调节能力，进一步增强了电力系统的稳定性，为保障大电网安全的局部支撑提供了示范样板。

（3）探索新技术，为新能源行业发展赋能"加速度"

国家风光储输示范工程作为首个"新能源+储能+调相机"模式运营的新能源场站，拥有该模式运营的先天试验场地，积极筹划有关调相机设备的技术研究与装备试验的科技项目，逐步形成支撑大规模新能源交流汇集送出全过程解决方案。同时，结合调相机项目建设、调试、运营和管理经验，完善变电站运行规程、专项运检规程、标准化作业指导等技术资料，为后续与其他新能源场站沟通、交流经验奠定坚实基础，也为后续调相机项目的接入做好"运营"样板。项目成果广泛应用于张雄特高压送端、承德塞罕坝地区、华北锡盟地区新能源场站分布式调相机配置选型与效益评估，大幅提升新能源交流汇集外送能力，支撑系统安全稳定经济运行。

（二）张家口万全规模化分布式光伏调控及光储协同互动示范项目

1. 项目背景

习近平总书记强调，推进电网基础设施智能化改造和智能微电网建设，提高电网对清洁能源的接纳、配置和调控能力。张家口作为国网公司新型电力系统地区级示范区，积极探索新型电力系统示范区建设，推动电网数智化转型。近年来，随着能源结构变革与新能源技术的迅速发展，高渗透率分布式新能源发电和电能替代负荷规模化接入配电网，使传统电网的结构和运行模式发生巨大改变。分布式电源接入使配电网由"无源"变为"有源"，潮流由"单向"变为"多向"，易产生如配电网发展空间资源有限、网络规模较难扩展等问题。目前高比例分布式光伏接入导致台区发生一系列问题。一是就地消纳能力不足，光伏与负荷存在严重的时空不匹配导致光伏消纳能力不足，光伏上送严重，对电网稳定运行造成冲击。二是电能质量恶化，光伏上送导致电压波动，光伏大发时易引起电压越上限，调节出口电压后，在光伏停止发电后又出现低电压；光伏发电输出的电压波形不规则容易产生谐波污染。三是配变负载不均衡，台区间配变负载不均衡导致光伏消纳能力差距大，无功需求差距大，对电网稳定造成影响。

2021年9月，万全区被纳入国家级整县屋顶分布式光伏开发试点范围，为了建设适应分布式光伏广泛接入的新型电力系统，万全区从源、网、荷、储四方面入手开展项目建设。上营屯村分布式光伏资源丰富，配变及低压线路完备，负荷类型也非常全面，可以说上营屯村涵盖了万全区电源、电网、负荷方面的各种要素，是万全区电网的缩影，因此以上营屯村为试点，先行先试开展了分布式光储系统智慧运行建设，开展各种类型源网荷储协同互动的研究。

2. 实施思路

围绕"云—管—边—端"整体架构体系，结合分布式电源接入现状及问题分析，依托台区智能融合终端边缘技术能力、储能本体自适应控制、柔直互联控制等技术手段，开发灵活自组网设备，聚焦边端协同与边边协同环节，构建基于边端协同的光储联动和基于边边协同的多台区共享储能两大场景，探索高比例新能源接入背景下分布式储能智慧运行应用模式。

边端协同的光储联动场景建设，根据前期现场调研，选取典型配电台区，结合台区内分布式光伏/负荷接入现状，合理规划配置灵活型储能舱，形成光储一体接入架构，通过储能本体自适应控制，实现储能参与电网的友好支撑，保障储能本体自优化运行。同时基于台区融合终端边缘计算能力，以台区自治为目标，协调控制台区内源荷储资源，促进分布式电源的就地消纳。

选点要求：光伏接入渗透率较高，台区消纳能力不足，电压越限问题明显，台区配置智能融合终端。

边边协同的多台区共享储能场景建设，通过分析区域内多配变运行状态，选取邻近差异化较为凸显的两个台区（差异化体现在两台区的供电不均衡、光伏消纳能力差异较大、无功需求差异大等方面），规划配置柔直互联装置，形成台区间互为热备用运行模式，灵活型储能舱以直流模式接入，通过本地终端能量管理系统部署，实现不同台区的能量互济及台区对储能的共享利用（见图6-22）。

选点要求：差异化较为明显的邻近两个台区或者几个台区。

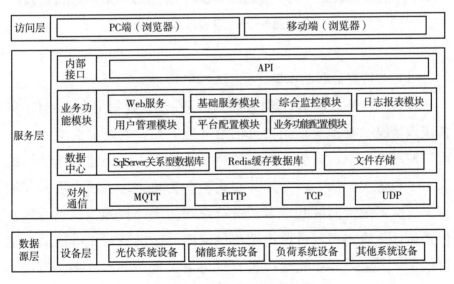

图6-22　终端能量管理系统

3.实施方案

针对大规模分布式电源并网导致的消纳能力不足、电能质量恶化等一系列问题，充分发挥分布式/移动储能的效能，该项目选择张家口万全区上营屯开展边端协同的光储联动场景和边边协同的多台区共享储能场景建设（见图6-23）。

图 6-23　场景示意

（1）台区光储联动场景（见图6-24）

台区光储联动场景边端协同侧重点在于，根据分布式光伏/负荷接入情况，合理规划配置灵活型储能方舱，通过储能本体的自适应控制及基于台区融合终端的边缘计算能力，构建边端协同的双层垂直管控架构，以台区分布式储能为纽带，实现台区内部源荷的时空匹配，同时基于台区融合终端边缘计算能力，以台区自治为目标，协调控制台区内源荷储资源，促进分布式电源的就地消纳。上营屯2号变光伏接入容量与最大负荷基本持平，但从典型日负荷曲线分析得出，台区内存在明显的时空不匹配问题，导致光伏消纳能力不足，功率倒送峰值可达40千瓦，且倒送时间较长，时间段为9：00~15：00。因此，选择该台区建设基于融合终端的光储联动场景。

图 6-24 光储联动台区实物

（2）多台区共享储能场景（见图 6-25）

首次应用低压台区柔直互联技术，搭配灵活型共享储能舱，实现不同台区间的能量互济，提升台区电能质量和供电可靠性。边边协同侧重点在于，选取邻近差异较为凸显的两个台区（差异体现在两台区的供电不均衡、光伏消纳能力差异较大、无功需求差异大等方面），部署配置柔直互联装置及储能系统，实现不同台区的能量互济及台区对储能的共享利用。上营屯 F 变与上营屯工业区东变光伏接入容量较大，分别为 174.13 千瓦和 257.8 千瓦。由典型日负荷曲线分析可知，上营屯 F 变倒送功率大，峰值达 135 千瓦，倒送时间区间为 12：00~16：00，持续周期较长。上营屯工业区东变由于负荷容量大，仅有部分时间出现倒送，倒送功率峰值达 79 千瓦，倒送时间区间为 12：00~13：00，然而该配变已出现超负荷运行情况，最大负载率达 119%，且该配变与上营屯 F 变能量互补优势明显。依托柔直互联技术，通过分布式储能合理配置，采用多目标协同优化控制技术手段，既能实现分布式光伏就地消纳，也能缓解配变的重过载问题，为后续解决类似问题提供技术储备，有助于形成可复制可推广的技术解决方案。因此，选择该示范点形成边边协同的多台区共享储能场景。

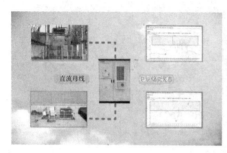

图 6-25　多台区共享储能实物

4. 效益分析

（1）提升消纳能力

面向低压台区高比例可再生能源接入场景，分别通过光储联动分布式储能和柔直互联共享储能两大典型工程建设，依托智能化管控算法，提升消纳能力，运行储能策略后，明显提升光伏就地消纳情况，台区内光伏电量本地消纳率从 60% 提升至 96% 以上。

（2）保障新型配网系统安全稳定运行

通过构建不同类型分布式储能示范及相应管控系统，实现台区最大负载率由 80% 以上降低至 60% 左右，优化运行方式，同步解决高比例可再生能源接入低压台区造成的电能质量、系统供电稳定性、扩容需求等方面的问题，提出可推广复制的典型解决方案。

（3）优化台区运行

线损方面：通过柔直互联和储能的调节，台区负载率明显下降，流过电缆的电流减小，有效降低线损。

电能质量方面：由于线路电流减小，线路阻抗导致的压降减少，光伏引起的电网末端电压升和负荷早晚高峰引起的压降均有减小，电能质量得到提升。

供电可靠性方面：柔直互联台区转供电功能和储能的离网供电功

能促进台区供电可靠性提升。

台区扩容方面：台区负载率保持在很低的水平，未来无论是光伏还是负荷增长均不需要再对变压器及其他设备扩容，有效提升资金的利用效率。

（4）建设成本低，储能可实现峰谷获利

智能终端及智慧储能设备技术条件已趋于成熟，可模块化复制推广到其他场景使用，软件建设基于配自主站，可直接在其内部进行数据的开发应用，同时可通过储能电价实现峰谷获利，实现盈利（见图6-26）。

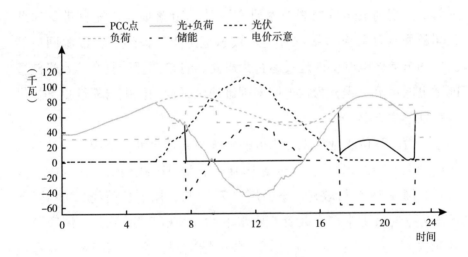

图6-26　峰谷获利示意

（5）适用电网转型，可推广性高

通过对台区的研究，可将成果推广至线路及高电压等级变电站间，探索可调负荷以及储能设备双向参与电网调节的运行新模式，实现区域间能量的互通互济，实现某个区域内的电力、电量平衡。

四　各级电网协调发展示范场景

（一）邯郸涉县合漳水光储智能微电网示范工程

1. 项目背景

2024 年国网公司以服务"双碳"目标为战略引领，推动数智化坚强电网建设，因地制宜发展微电网，推动大电网与分布式微电网融合发展，助力电力系统形态升级。

邯郸涉县作为国网总部科技项目"十兆瓦级离网型微电网源网荷储协同规划及运行控制技术研究"的示范落地点，充分借鉴河北公司新型电力系统"县乡村"三级示范工程建设经验，以源网荷储及电网末端微电网协同建设运行为思路，打造邯郸涉县合漳水光储智能微电网示范工程，为大电网向困难地区延伸和供电可靠性提升提供系统性解决方案。

示范工程位于地处太行山区的邯郸涉县合漳乡，清漳河和浊漳河在此处汇流，由 35 千伏西达站 10 千伏合漳 032 线路供电，供电范围包括合漳乡 19 个行政村，电力用户 7322 户，用电负荷约 3.11 兆瓦。区域内水光资源丰富，共有 6 座水电站，装机 2.83 兆瓦；屋顶分布式光伏 147 户，装机 3.27 兆瓦。该区域电网存在以下问题。一是电网结构薄弱。35 千伏西达站为单电源供电，存在多站串供问题；10 千伏合漳 032 线路为单辐射线路，供电距离长，供电半径 31 公里。二是供电质量受季节性影响较大。丰水期水电叠加晴朗午间光伏，本地发电规模化外送，加之供电线路过长，导致电压越上限；枯水期水电出力不足，晚高峰低电压现象时有发生，电压双向越限，影响居民用电质量。三是潮流"大进大出"。35 千伏西达站枯水期负载率71.8%，丰水期反向负载率达 78.55%，小水电出力不可控，新能源就地消纳能力弱，峰谷差较大，区域用电负荷和新能源发展潜在受限。四是防灾抗灾能力弱。受地理位置和山区地形限制，线路均沿清漳河河谷分布，易受洪涝、泥石流、覆冰等自然灾害影响，防灾抗灾能力弱，极端自然灾害下存在大范围停电风险。

该项目以"源网荷储及电网末端微电网协同建设运行"为示范目标，基于涉县合漳区域丰富的风光水资源，打造 10 兆瓦级离网型微电网示范工程，以水光储微网能量管理系统为核心，构建水—光—储一体化控制架构，并通过优化电网结构、应用构网型储能、小水电和光伏控制系统改造等，实现水光储的实时监测与协调运行，解决边远山区供电困难、新能源消纳能力不足等问题。

2.实施思路

该示范工程深入贯彻落实习近平总书记关于新型能源体系重要论述，聚焦"碳达峰、碳中和"一个中心任务，围绕"电力安全保供""绿色低碳转型"两条主线，统筹源网荷储多要素协同规划建设，加快构建清洁低碳、安全充裕、经济高效、供需协同、灵活智能的新型电力系统。

一是持续提高电力保供能力。聚焦大电网延伸困难地区和供电可靠性系统提升，创新微电网组网方案，形成规划设计、工程管理、分级调度、运维管理典型样本，为可再生资源富集的偏远山区提供可复制、可推广的 10 兆瓦级解决方案。通过实时监测微电网多节点电压，制定属地化电压控制策略，快速、准确、平滑地响应地区有功功率和无功功率变化，解决水电发电随机性、间歇性、波动性等问题，提升区域供电可靠性及电能质量。

二是探索构建新型能源体系。聚焦新能源富集地区消纳问题，因地制宜利用涉县合漳乡丰富的光伏及小水电资源，构建水光储一体化微电网。研发应用水电远程柔性调控、分布式光伏群调群控技术，实现微电网自平衡、自调节、自管理，显著提升区域新能源消纳能力，服务新能源科学友好发展。

三是加强技术创新示范引领。开展源网荷储协同运行控制技术研究，强化关键技术攻关和应用。研发水光储微网能量管理系统，着力推进水电、光伏等清洁创新型储能系统协同互动，通过源网荷储协同调度，提升微电网自主调峰能力。创新构网型主动支撑技术，采用构网型变流器多机并联方式，增加电压同步、功率均分、虚拟阻抗、环流抑制等核心技术，主动参与电网电压、频率调节，解决丰水期过电压、枯水期低电压等问题。优化调整构网储能—水轮机惯量参数，提升微网系统在离网运行时的暂态稳定性和过载能力，抗冲击能力提升10%以上。深化并离网无缝切换及长期离网稳定控制技术研究，在上级电网检修或故障停电情况下，具备168小时长时间离网运行能力，保证系统供电的连续性与稳定性。

3. 建设内容

（1）总体建设方案

项目以"源网荷储及电网末端微电网协同建设运行"为方向，基于涉县合漳区域丰富的风光水资源，以水光储微网能量管理系统为核心，构建水—光—储一体化控制架构，通过优化电网结构、应用构网型储能、小水电和光伏控制系统改造等，实现风光水储的实时监测与协调运行，打造10兆瓦级离网型微电网示范工程。

（2）一次系统方案

电源侧，以张各台水电站为试点，改造3台、共0.9兆瓦水电机组控制系统，实现出力远程柔性调控；其余水电站出力纳入刚性调控。分布式光伏加装远程控制器，通过分布式光伏集控平台，实现光伏出力的调控。电网侧，在合漳032线分支线路交会处新建10千伏开关站一座，将合漳032线一分为四接入开关站，供电半径由31公里降至21公里。储能侧，一期建设2兆瓦/4兆瓦时磷酸铁锂电化学储能站1座（终期4兆瓦/8兆瓦时），并入开关站。负荷侧，将村庄抽水泵等可平移用电负荷纳入调度控制，用于调峰。

（3）二次系统方案

项目配置微电网能量管理系统，向上经光纤方式接入邯郸地调，向下通过无线方式管理小水电群，通过主配微协同实现区域电网"自平衡、自管理、自调节"。其中，水光储微网能量管理系统部署在储能电站，通过调度数据网与邯郸地调系统实现数据交互；水电配置水电站自动控制系统，通过 4G 接入水光储微网能量管理系统；储能配置计算机监控系统，通过调度数据网接入邯郸地调；光伏和风电利用费控表计通过 4G 接入分布式光伏集控平台。

（4）控制模式

并网运行。

控制目标：削峰填谷，减少大电网调峰压力。

控制方式：并网模式下，水光储微网系统由邯郸地调统一控制，根据西达站联络线实时功率数据，向储能电站计算机监控系统下发 AGC/AVC 指令，通过调节储能功率，减少西达站与上级电网潮流交换，解决潮流"大进大出"问题，降低电力系统调峰压力。

离网运行。

控制目标：电力电量自平衡、自调节、自管理，实现较长时间离网运行。

控制方式：离网模式下，水光储微网系统由就地部署的能量管理系统控制。储能运行在离网 VSG 模式支撑 10 千伏网络电压/频率稳定，能量管理系统实时调节风电场、分布式光伏和水电站的发电功率，实现离网运行下的自我平衡。

4. 效益分析

一是有效提高区域供电质量。利用储能调控和水电机组支撑，解决设备端过电压、低电压并存问题，1066 户过电压、368 户低电压问题得到明显改善。通过优化电网结构合漳线供电半径由 31 公里缩短至 21 公里，减少故障影响范围，居民停电时间降低 70% 以上。

二是提升新能源消纳和防灾抗灾水平。通过源网荷储协同互动，减少对大电网的调峰依赖，峰谷差降低 40% 以上，提升了新能源消纳能力。通过并离网控制器及能量管理系统，在上级检修或故障停电时，可实现长时间离网运行，提高了合漳乡电网末端的供电可靠性，保证了供电的连续性和稳定性。

三是形成微电网建设运营有益经验。开展风光水储资源配置、组网形态、稳定控制、继电保护研究及仿真验证等关键技术研究，形成了微电网规划设计、工程管理、调度运维典型经验。合漳乡采用水光储智能微电网模式，整体投资约 2200 万元，较常规电网减少投资约 4800 万元，有效减少建设改造投资。

（二）保定源荷储充多元协同台区微网示范工程

1. 项目背景

（1）国家政策及国网公司鼓励开展充电设施技术创新、车网互动示范。2023 年 5 月，国家发改委、国家能源局发布《关于加快推进充电基础设施建设 更好支持新能源汽车下乡和乡村振兴的实施意见》，指出要"鼓励开展光储充协同控制等关键技术研究，建设提供光伏发电、储能、充电一体化的充电基础设施"。2024 年 1 月国家发改委等部门发布《关于加强新能源汽车与电网融合互动的实施意见》，指出要"强化创新引领，大力培育车网融合互动新型产业生态"。2024 年 2 月国网公司印发《推进电动汽车与电网融合互动两年行动方案》，指出"大力推进车网互动核心技术攻关，加快形成电动汽车与电网融合互动发展的新局面"。

（2）配网配置储能成为未来趋势。2023 年以来锂电池价格跌幅接近 50%，使得储能项目的建设成本下降 30% 以上。2023 年 10 月河北省发改委发文要求，可开放容量为零或超出可开放容量的地面分布式光伏项目需配置储能，首次提出分布式光伏配储政策。2024 年 3

月国家发改委、国家能源局发布《关于新形势下配电网高质量发展的指导意见》，指出"在电网末端布局新型储能或通过共享方式配置新型储能，提升新能源可靠替代能力"。近年来屋顶光伏发展迅猛，速度和规模远超预期，部分县域已无可开放容量，配网末端配储可提升消纳水平，促进新能源发展。

（3）多品类分布式可调资源呈现快速增长态势，如何高效利用是电网面临的新课题。分布式光伏作为规模最大的可调资源，已明确要求需参与电网调节。分布式储能是未来促进新能源消纳的重要载体，如何管、如何用的问题需提前考虑。电动汽车具有巨大的参与电网调节的潜力，实现车网即时互动将为提升电网韧性提供巨大助力。可控负荷近年来在国网系统内成为热点研究课题，电网"源随荷动"到"源荷互动"的转变进程正在加速。

2. 实施思路

（1）研究适应电网调节的车网互动技术。研究车桩网信息实时交互技术，优化完善信息传输路径、通信方式及安全防护方式，构建安全的信息交互架构，实现充放电与电网灵活安全互动。

（2）试点在台区侧部署新型储能，扩展研究分布式储能应用场景。充分发挥分布式储能对分布式新能源消纳的促进作用，优化充放电策略确保消纳最大化。利用构网技术提升储能对电网的支撑能力，提升供电可靠性。利用储能的灵活调节能力解决光伏台区反向过载、电压越限、功率波动等问题。

（3）探索配网末端多品类分布式可调资源支撑电网机制。以台区为最小单元聚合各类分布式可调资源，开发台区微网终端，在台区内部进行自治调节管理，并接受电网统一调度。

3. 建设内容

（1）项目概况

该项目是国网保定分布式新能源管理综合试点建设 2023 年重点

任务之一，前期经过大量的技术论证，于 2023 年 12 月 15 日在保定市徐水区太和庄村 2 号台区落成投运。该创新示范项目为配网多品类灵活性资源柔性调节提供了解决方案，可有效解决分布式新能源引发的局部过载、过压、消纳问题，实现了储能在电网末端的最大化利用，是保定有源配电网试点建设又一关键性突破。

（2）建设架构

源荷储充多元协同台区微网一次以配变为核心，二次以微网控制终端为核心。配变容量为 400 千伏安，所带负荷均为居民用电，日平均负荷约 70 千瓦，并网屋顶光伏 11 户，总容量 87 千瓦，其中 2 户、28 千瓦通过 HPLC 通信接入微网控制系统，实现调度或微网本地对其的柔性控制。

台区微网内部署两台微型逆变器。微型逆变器发电效率高、弱光效应好，近几年成本逐渐降低，在国外已有应用。通过部署微型逆变器搭建测试环境，探索其柔性调节技术，提前布局微型逆变器参与电网调节。

部署 100 千瓦/200 千瓦时构网型储能一套，在促进新能源消纳的同时可响应电网调节指令，在离网运行时作为微网整体的电压支撑。配套部署一台 100 千伏安隔离变（Y/Yn），将三相三线变换为三相四线，确保离网运行时储能可对用户供电。

研发部署调度直控型柔性 V2G 充电桩（20 千瓦）1 台，搭建车网互动应用场景，实现了调度对电动汽车移动储能资源的调用。

部署微网控制终端 1 台。对下实现对储能、光伏、充电桩的协同控制，预留微型逆变器、可控负荷控制接口；对上经微型纵向加密装置、无线路由器通过 4G 虚拟专网与调度主站安全接入区进行通信，实现调度主站对台区微网的整体调节。

（3）创新优势

一是创新研发柔性 V2G 充电桩。打破传统 V2G 充电桩充放电状态及功率无法在线实时调节现状，通过技术攻坚成功研制出调度直控型柔性 V2G 充电桩，实现调度主站远程调整电动汽车充放电状态、充放电功率，同时具有普适性兼容多品牌车型，紧密贴合车网实时互动应用场景，填补了国内电动汽车柔性参与电网调节的技术空白。

二是创新打造"储能+"不停电示范台区。利用储能构网技术，在台区失去上级电源情况下，依托少量储能电压支撑撬动屋顶光伏等零散资源持续供应电能，实现用户停电零感知。白天在光伏大发时台区可不依赖外部供电独立运行约 10 小时，夜间可独立运行约 5 小时，供电可靠性大幅增强，实现了储能在电网末端利用最大化。

三是创新构建"自治+统调"台区资源调管模式。依托自主研发的多元微网管控终端，聚合台区屋顶光伏、储能、充电桩等调节性资源。开发应用多品类能源协同控制算法，实现台区内部自主平抑光伏功率波动、电压调节、过载防控，提升光伏消纳水平。微网整体接入调度主站 AGC 系统，统一响应电网调峰、调频指令。该模式建立了源荷储充多元协同互动机制，对实现分布式新能源主动支撑电网、参与电网调节具有重要意义。

4. 效益分析

（1）建设成效。自保定徐水源荷储充多元协同台区微网示范工程投运以来，分布式光伏消纳水平维持 100%，配变反向重过载隐患清零，分布式光伏、储能、V2G 充电桩累计参与 26 次电压调节，保障台区电压合格率 100%，V2G 充电桩充放电状态及功率调节响应时间小于 2 秒，对新型电力系统配网末端优化调节具有重要借鉴意义。台区微网内用户实现了上级电网检修或故障情况下的零停电，极大保障了供电可靠性。电网调度实现了对储能、光伏、充电桩的集中调管，在电网调峰或紧急情况下可快速启用可调资源，保障电网安全稳定运行。

（2）可推广性。源荷储充多元协同台区微网示范工程三个主要创新点均面向未来场景，具有广泛可推广性。

一是国家或地方出台电动汽车参与电网调节电价政策后，利益驱动主体向车网互动靠拢，调度直控柔性 V2G 充电桩可快速实现推广，届时电动汽车的储能特性被充分开发，大幅增加电网的可调节性资源储备。

二是配网配储政策出台后，大量储能涌入配网，在解决新能源消纳问题的基础上，可推广"储能+"不停电示范台区，利用构网型储能技术增强配网供电可靠性，在配网方式薄弱的农村地区可快速提升用户用能质量。

三是大量多品类分布式新能源接入配网后，可推广应用"自治+统调"台区资源调管模式，实现海量分布式新能源的精益化管理，在解决配网有源化带来的电网问题的同时，实现电网对海量分布式新能源的集中调管。

（三）饶阳同岳低压交直流微电网示范工程

1. 建设背景

随着新能源快速发展，衡水农村地区配电网面临着负荷保供能力差、新能源承载能力差、电力设备水平差、电网供电可靠性差、电网可持续发展能力差的突出问题。沿用常规电网建设思路，通过大规模投资建设配电网解决农村地区电力供需不平衡矛盾，将加重以下五个方面的问题：一是设备正反双向短时重过载同时存在的问题；二是设备平均利用率进一步降低的问题；三是适应新能源接入的电网投资需求增加与电网实际售电量及售电收益下降的问题；四是正反向负荷大幅度变化对大电网的安全稳定运行带来显著冲击的问题；五是高比例电力电子设备接入带来的电力系统惯性不足、稳定控制难度增大的问题。

2. 实施思路

饶阳同岳低压交直流微电网示范工程以"生态农业、现代农电"为核心理念，以提高农村电网供电可靠性、新能源消纳能力和系统运行效率，促进区域能源互联网与配电网协调运行，节省电网投资，提升能源供应清洁化、能源消费电气化水平为目标，打造多能微网互通互济、多元负荷聚合互动、多层级电网协同发展的能源网架体系，建设云边协同控制、负荷精准管控、能源高效利用与农业自动化服务为一体的信息支撑体系。在技术上探索基于柔性互联台区的农村地区配电网自下而上逐级能量适度平衡、主动支撑大电网稳定运行的可行模式，在管理机制上探索供电所新型电力系统规划—建设—运维—服务一体化的新型运营模式，以服务农村、服务农民、服务农业、服务乡村振兴为出发点，扩展电网新兴业务，适应新型电力系统发展需求。

项目研究了多台区配变低压柔性互联电网组网模式，以饶阳同岳供电所为核心，建设三台配变低压柔性互联的交直流混联电网，指导低压柔性互联电网规划建设；研制了基于级联高频变压器的电网多端口电能路由器，提高输出电压稳定性和系统可靠性；开发了区域能源互联网智能管控系统，解决了当前使用的电能路由器只能在几种特定运行场景下切换控制、不能实时调节功率的问题，实现了对配电网的主动支撑。项目"投资省、效率高、可复制、易推广"，具有广阔的推广应用前景。

基于低压柔性互联实现配电网的可调可控，未来发展规模可扩展至整个县域，推进县域新型电力系统"（低压）直柔互联台区—（中压）交流配电线路—（高压）综合能源站所"分层级建设。技术发展成熟后，可进行大范围推广，适用于分布式能源充足的地区。

本项目在示范工程的基础上，探索配变台区低压交流互联、分布式储能方案，并与交直流系统进行对比，不断改进系统构建模式。采用自主研发的低压交流互联设备2台，选择同岳供电所配变、西侧农排配变、王同岳村综合配变各1台，建设低压交流互联线路，实现3台区低压交流互联，并在农排配变低压侧和王同岳村综合配变用户侧分别建设分布式储能，验证低压交流互联和分布式储能的可行性及经济性。

远期将现有35千伏京堂站（5+3.15兆伏安）改造为10千伏开关站，通过安平东里屯110千伏站跨区供电切改原变电站负荷，并与110千伏饶阳站、五公站形成联络，在京堂站配置3兆瓦时电池储能，从而取消110千伏京堂站新建，实现共享储能，提升系统运行可靠性和新能源消纳能力。提炼具有通用性和标杆引领价值的关键技术、核心装备或体制机制，分析发展方向、适用范围和推广前景。

3. 建设内容

（1）实施方案

选取以同岳供电所"惠农服务区"为核心，以供电所西北300米左右的温室大棚"农业生产区"及供电所以南1200米左右的圣水村"农村生活区"为两翼的典型农村区域，建成了农业要素覆盖全、可靠供电要求高、光伏发电潜力大、源网荷储设备类型丰富的现代农村地区新型电力系统示范区。

示范区覆盖供电所综合配变、大棚区域农排配变、圣水村综合配变3台配变供电区域，分别建设分布式光伏、储能以及低压直流供电系统。三个区域子网之间建设直流主干联络线2回，其中1回为同岳供电所电能路由器与农业大棚电能路由器之间互联，电压等级375V；另1回为农业大棚电能路由器与圣水村党支部电能路由器互联，电压等级±375伏。三个子网通过电能路由器互联后，实现光伏发电在不同区域间的互补消纳，提升系统运行灵活性，并通过直流网络实现交流台区间的低压互联，提高供电可靠性。

项目建设分布式光伏 200 千瓦（供电所 110 千瓦，大棚光伏 30 千瓦，圣水村党支部 60 千瓦），小型风机 1 台 5 千瓦，储能 340 千瓦时/55 千瓦（供电所内配置 320 千瓦时/50 千瓦铅蓄电池储能、20 千瓦时/5 千瓦磷酸铁锂电池储能），系统最大用电负荷 210.45 千瓦，主要设备连接方式如图 6-27 所示。

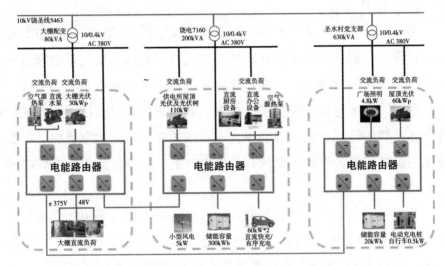

图 6-27　饶阳同岳低压交直流微电网配置示意

惠农服务区子网（同岳供电所区域）电源侧建设分布式光伏 110 千瓦，小型风机 5 千瓦；电网侧建设 375 伏直流母线和低压交直流微电网，电网侧储能 300 千瓦时，通过 100 千瓦交直流换流器与所用配变互联，用户侧接入供电所直流空气源热泵、直流充电桩、厨房用电设备、办公电脑、照明等多种直流用电设备。

农业生产区子网（农业大棚区域）电源侧建设大棚光伏 30 千瓦；电网侧建设 375 伏直流母线和低压交直流微网，通过 50 千瓦交直流换流器与当地农排配变互联，用户侧接入农排水泵，大棚卷帘门电机、照明、加热、排风等直流设备。

农村生活区子网（圣水村区域）电源侧建设圣水村党支部屋顶光伏 60 千瓦；电网侧建设 375 伏直流母线和低压交直流微电网通过 100 千瓦交直流换流器与村部综合配变互联，实现功率双向互动；用户侧接入当地的广场照明、电动自行车充电桩等直流设备供电。

（2）创新做法

多台区配变低压柔性互联电网组网模式。以饶阳同岳供电所为核心，建设三台配变低压柔性互联的交直流混联电网，研究多台区低压柔性互联的典型组网模式，通过实际运行积累系统运行参数，为计算短路电流、系统电压等提供实际数据，并通过仿真计算出不同规模配变低压互联的运行参数，得到多台区低压柔性互联的约束条件，寻找最优的组网规模和电源、储能容量配置方案，指导低压柔性互联电网规划建设。

基于级联高频变压器的电网多端口电能路由器。采用级联高频变压器新型拓扑结构，开发多端口电能路由器。内部换流器采用一个高压端口对应 2~3 个低压端口的模式，解决两端口换流器低压侧功率受限的问题，提高实际运行功率，降低使用的换流器数量，缩小电能路由器体积，同时提升端口协调性和控制响应性能。保证各端口互相独立，采用移相控制方式，以双有源桥子单元为基本控制单元，实现电能路由器各个端口的灵活平滑控制，提高输出电压稳定性和系统可靠性。

区域能源互联网智能管控系统。在多台区低压柔性互联组网模式下，对系统进行分层分区控制，从而使各层级电网在一定区域内形成独立单元，实现在一定功率范围内的实时调节，支撑上级电网安全稳定运行。分析边缘计算架构在电网运行控制中的适用性，研究基于边缘计算的多端口电能路由器协同控制策略、分区电网内多个子网之间的功率互济协调控制策略和子网内部源网荷储设备协同控制策略，实现设备、子网、分区电网的实时平滑控制，解决了当前使用的电能路由器只能在几种特定运行场景下切换控制、不能实时调节功率的问题，实现了对配电网的主动支撑。

4. 效益分析

（1）清洁低碳

碳减排效益显著提升。随着项目模式的推广，将提升农村能源供应清洁化水平和能源消费电气化水平，加快以新能源为主的新型电力系统建设，助力清洁发展，实现"双碳"目标。该项目系统清洁能源年发电量25万千瓦时，减少碳气体排放83吨。

新能源消纳能力显著提升。采用相同型号导线传输同样功率时，直流750伏线路较交流380伏线路供电距离增加1.2倍，极限供电面积增加4倍，本项目通过多台区低压直流互联，实现了分布式光伏发电100%低压消纳。

（2）安全可靠

该项目系统涉及的3个台区2020年户均停电时间15.36小时，供电可靠率99.82%，其中故障停电时间6.97小时，单次最长故障停电时间63分钟。通过多台区低压互联和微网系统配置的大容量储能电池，可以满足系统最大负荷运行65分钟，因此原交流系统故障造成的停电问题可以得到有效解决，系统供电可靠率提高至99.99%，满足高品质农业生产对供电可靠性的要求。

（3）经济高效

该项目微网系统实现源网荷储协同运行，促进区域用电负荷的均衡性，其外特性表现为负荷波动变小，从而降低配电网尖峰负荷，消除设备短时过载问题，提高配网设备利用率，延缓改造投资，提升投资效益。该项目较常规电网改造投资节省27.4万元，节约比例达到7.9%。

项目的推广应用将加快"云农场"模式发展，促进乡村旅游、农业体验、农产品预约生产、农业在线体验等农业生产多样化服务，促进现代农业多样化发展，助力乡村振兴战略落实，区域内农业大棚用户年增收 2 万~3 万元。

图书在版编目（CIP）数据

河北能源发展报告 . 2024：深入贯彻能源安全新战
略／陈香宇，冯喜春，石振江主编；陈志永等副主编 .
北京：社会科学文献出版社，2024. 12. -- ISBN 978-7-
5228-4605-7

Ⅰ. F426. 2

中国国家版本馆 CIP 数据核字第 20244KL715 号

河北能源发展报告（2024）
——深入贯彻能源安全新战略

主　　编／陈香宇　冯喜春　石振江
副 主 编／陈志永　刘朋辉　董 京　周 毅　田 广

出 版 人／冀祥德
组稿编辑／高振华
责任编辑／李　淼
责任印制／王京美

出　　版／社会科学文献出版社 · 生态文明分社 （010）59367143
　　　　　地址：北京市北三环中路甲 29 号院华龙大厦　邮编：100029
　　　　　网址：www. ssap. com. cn
发　　行／社会科学文献出版社 （010）59367028
印　　装／北京联兴盛业印刷股份有限公司

规　　格／开本：787mm × 1092mm　1/16
　　　　　印 张：15.25　字 数：205 千字
版　　次／2024 年 12 月第 1 版　2024 年 12 月第 1 次印刷
书　　号／ISBN 978-7-5228-4605-7
定　　价／98.00 元

读者服务电话：4008918866